만화로 배우는 영어 구동사

후루룩외국어 x 시대에듀

만화로 배우는
영어 구동사

후루룩 외국어 x 시대에듀

머리말

구동사 그냥 암기하지 마세요.

만화로 즐겁게 이해하시면 됩니다.

안녕하세요, 잉튠TV 김도균입니다. 이 책을 펼쳐주신 여러분께 진심으로 감사드립니다. 평소 잉튠TV를 통해 많은 분들과 소통하면서 공통적으로 받았던 질문이 있습니다.

영어를 더 자연스럽게, 더 원어민처럼 말하려면 어떻게 해야 할까요?

이 질문에 대한 저의 답은 항상 같습니다. "구동사를 배워보세요."

구동사(phrasal verb)는 동사와 전치사 또는 부사가 만나 만들어지는 표현으로, 원어민들이 일상에서 매우 자주 사용하는 영어 표현 방식입니다. 하지만 많은 분들이 구동사를 배우는 것을 어렵고 부담스럽게 느끼시곤 합니다. 그래서 저는 여러분들이 더 쉽고, 더 즐겁게 구동사를 배울 수 있도록 이 책을 준비하게 되었습니다.

『만화로 배우는 영어 구동사』는 구동사를 보다 재미있고 자연스럽게 익힐 수 있도록 만화를 통해 각 표현의 상황과 맥락을 한눈에 이해할 수 있도록 구성했습니다. 각 챕터는 다음과 같이 구성되어 있습니다.

잉튠TV 놀러 가기!

먼저, 각 구동사의 의미와 쓰임을 직관적으로 보여주는 만화를 통해 상황 속에서 구동사가 어떻게 사용되는지 쉽게 파악할 수 있도록 했습니다. 이어서, 실제로 자주 쓰이는 실생활 예문을 소개하여 구동사가 실제 대화나 글에서 어떻게 등장하는지 구체적으로 보여줍니다.

뿐만 아니라, 각 구동사가 어떤 원리를 가지고 만들어졌는지 알기 쉽게 설명하는 코너를 마련하여, 그 표현의 본질을 이해하고 더 쉽게 기억할 수 있도록 돕고자 했습니다. 마지막으로, 여러분이 직접 예문을 말하고 필사할 수 있는 공간을 제공해, 눈과 입 그리고 손으로 함께 기억하며 표현을 완벽하게 자기 것으로 만들 수 있도록 했습니다.

하루에 한 챕터씩 천천히 책을 넘기다 보면, 어느새 영어가 훨씬 편해지고 표현력이 크게 향상된 자신을 발견하게 될 것입니다.

45만 명의 영어 학습을 책임지고 있는 잉툰TV는 영어를 향한 여러분의 여정을 응원하고 있습니다. 영어가 더 이상 어렵고 부담스러운 존재가 아니라, 여러분의 일상을 더 풍성하고 재미있게 만들어주는 도구가 되기를 진심으로 바랍니다.

이 책이 여러분의 영어 학습 여정에 작지만 소중한 친구가 되어드릴 수 있다면 더없이 기쁘겠습니다. 책을 읽으시면서 떠오르는 질문이나 생각이 있으시다면 언제든지 잉툰TV를 통해 편하게 소통해 주세요.

여러분의 성장을 늘 응원합니다.

잉툰TV 김도균 드림

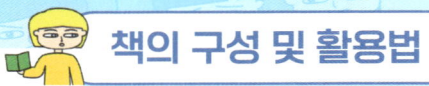

워밍업

❶ **테마 체크**
이번 챕터에서 어떤 구동사를 다루게 되는지 미리 확인해 봅니다.

❷ **구동사 준비운동**
본격적인 학습에 앞서 이번 챕터에서 다루는 구동사의 특징을 간단하게 미리 살펴봅니다.

❸ **원어민 음성 QR**
이번 챕터에서 다루는 모든 구동사 표현을 원어민의 리얼한 발음으로 들어볼 수 있도록 MP3 파일을 QR로 제공합니다. MP3 파일은 시대에듀 홈페이지도 다운로드 가능합니다.

MP3 다운로드 방법
▶ www.sdedu.co.kr로 접속
▶ 홈페이지 상단〈학습자료실〉에서 'MP3' 항목 클릭
▶ 검색창에 '만화로 배우는 영어 구동사' 검색하여 MP3 다운로드

구동사 학습 & 액티비티

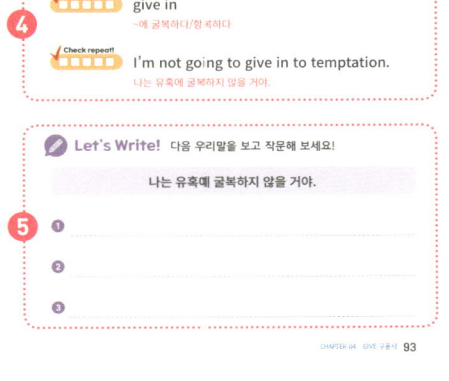

❸ 구동사 표현 확인
페이지 가장 상단에서 구동사 표현을 우리말 뜻과 함께 확인합니다.

❷ 만화 & 문장 확인
구동사 표현의 뉘앙스와 쓰임을 자연스럽게 그려볼 수 있도록 문장을 만화와 함께 실었습니다. 만화 속 상황을 보며 이미지 트레이닝을 즐겨 보세요

❸ Let's Read!
구동사 표현의 원리와 이미지, 꿀팁 등을 읽어 보세요.

❹ Let's Speak!
구동사 표현과 예문을 가지고 5번씩 말하는 연습을 해 보세요.

❺ Let's Write!
우리말 의미를 보고 구동사 문장을 3번 작문해 보세요.

책의 구성 및 활용법

부록

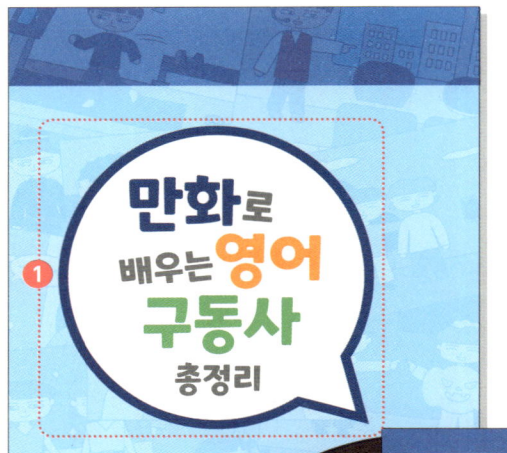

❶ 구동사 총정리

본문에서 학습한 구동사 표현 100개를 색인 형태로 모두 모아 놓았습니다. 복습에 활용해 보세요.

❷ 리마인드 체크

구동사를 다시 한번 살펴보면서 기억나는 것은 박스에 표시하고, 기억나지 않는 것들은 해당 페이지에 돌아가서 복습해 보세요.

'구동사'는 무엇일까?

구동사란?

구동사는(phrasal verb)는 우리가 흔히 알고 있는 전치사나 부사 in, out, on, around 등이 동사 go , take, put, give 등과 합쳐지면서 새로운 의미를 만들어 냅니다. 예를 들어 come across(우연히 발견하다), turn down(거절하다), run after(쫓아가다) 등이 있어요.

구동사가 왜 중요할까?

구동사는 영어를 배우는 데 있어서 정말 중요합니다. 2016년 미 대통령 후보자 힐러리 클린턴과 도널드 트럼프 사이의 3차 토론이 90분간 진행되는 동안 60개의 구동사가 쓰였습니다. 이는 1분마다 약 1개의 구동사가 쓰였다는 뜻인데 그만큼 구동사는 원어민들의 일상생활에 자주 쓰이며 중요한 부분 임을 말합니다. 원어민들은 매일매일 구동사를 사용하며 영화, 음악, 드라마, 유튜브 등에서도 수많은 구동사가 사용되는 걸 볼 수 있습니다.

《만화로 배우는 영어 구동사》가 특별한 이유?

우리는 지금까지 구동사를 단순히 '한 단어'로만 암기했습니다. 구동사는 동사와 전치사의 그림을 이해하는 것이 정말 중요한데, 이 책에서는 각 동사와 전치사 / 부사의 원리를 쉽게 풀어서 설명해 주며 예문과 그림을 통해 구동사를 쉽게 이해하고 기억할 수 있습니다.

CONTENTS

CHAPTER 01	GET 구동사	012
CHAPTER 02	CALL 구동사	052
CHAPTER 03	GO 구동사	064
CHAPTER 04	GIVE 구동사	086
CHAPTER 05	LOOK 구동사	096
CHAPTER 06	MAKE 구동사	120
CHAPTER 07	TAKE 구동사	130
CHAPTER 08	TURN 구동사	150
CHAPTER 09	PUT 구동사	162
CHAPTER 10	RUN 구동사	176
CHAPTER 11	COME 구동사	184
CHAPTER 12	SHOW 구동사	194
CHAPTER 13	BREAK 구동사	202
CHAPTER 14	그 외 중요한 구동사	214
SPECIAL	만화로 배우는 영어 구동사 총정리	240

학습체크표

학습체크표를 활용하여 학습 여부를 체크 ✔ 해 보세요.

CH.01	GET 구동사	1회 ☐	2회 ☐	3회 ☐	Master ☐
CH.02	CALL 구동사	1회 ☐	2회 ☐	3회 ☐	Master ☐
CH.03	GO 구동사	1회 ☐	2회 ☐	3회 ☐	Master ☐
CH.04	GIVE 구동사	1회 ☐	2회 ☐	3회 ☐	Master ☐
CH.05	LOOK 구동사	1회 ☐	2회 ☐	3회 ☐	Master ☐
CH.06	MAKE 구동사	1회 ☐	2회 ☐	3회 ☐	Master ☐
CH.07	TAKE 구동사	1회 ☐	2회 ☐	3회 ☐	Master ☐
CH.08	TURN 구동사	1회 ☐	2회 ☐	3회 ☐	Master ☐
CH.09	PUT 구동사	1회 ☐	2회 ☐	3회 ☐	Master ☐
CH.10	RUN 구동사	1회 ☐	2회 ☐	3회 ☐	Master ☐
CH.11	COME 구동사	1회 ☐	2회 ☐	3회 ☐	Master ☐
CH.12	SHOW 구동사	1회 ☐	2회 ☐	3회 ☐	Master ☐
CH.13	BREAK 구동사	1회 ☐	2회 ☐	3회 ☐	Master ☐
CH.14	그 외 중요 구동사	1회 ☐	2회 ☐	3회 ☐	Master ☐

 만화로 배우는 영어 구동사

CHAPTER 01

구동사 **GET**이 가진 성질

Get은 광범위하게 쓰이는 동사입니다.
크게 두 가지 의미를 갖는데,
하나는 '소유' 또 하나는 '이동'의 의미를 가지고 있으며
'이동'은 '상태 변화'의 의미로 확대됩니다.
이렇게 get은
'상태가 되다 / 변화하다 / 도착하다 / 소유하다 / 획득하다'
등의 다양한 뜻을 가지고 있습니다.

001 GET 구동사

get over
~을 극복하다/이겨내다

I'm finally starting to get over my fear of flying.

드디어 비행기를 타는 두려움을 극복하고 있다.

📖 Let's Read! 구동사의 원리를 파악해 보세요!

'상태'의 성질을 가진 get과 '어떤 기준점을 넘어가는' 뜻의 over이 만나면 '어떤 상태의 기준점을 넘어서는', 다시 말해 '~을 극복하다/이겨내다'라는 의미가 돼요. 그래서 get over는 일상 생활에서 병, 실연, 트라우마, 두려움 등을 극복한다는 의미로 자주 쓰인답니다.

🎤 Let's Speak! 주어진 표현을 반복해서 말해 보세요!

Check repeat! ☐☐☐☐☐

get over
~을 극복하다/이겨내다

Check repeat! ☐☐☐☐☐

I'm finally starting to get over my fear of flying.
드디어 비행기를 타는 두려움을 극복하고 있다.

✏️ Let's Write! 다음 우리말을 보고 작문해 보세요!

> 드디어 비행기를 타는 두려움을 극복하고 있다.

❶ _____

❷ _____

❸ _____

002 GET 구동사

get along with
~와 잘 지내다

I don't really get along with Min-ji.
나는 민지랑 잘 지내지 못해.

📖 Let's Read! 구동사의 원리를 파악해 보세요!

Get은 '상태'를, along은 '~을 따라서 쭉 가는'의 뉘앙스가 있어요. With 뒤에 오는 대상과 함께 '나란히 같이 쭉 가는' 이미지를 떠올려 보면 결국 '~와 잘 지내다'라는 의미를 유추해 낼 수 있을 거예요.

🎙️ Let's Speak! 주어진 표현을 반복해서 말해 보세요!

get along with
~와 잘 지내다

I don't really get along with Min-ji.
나는 민지랑 잘 지내지 못해.

✏️ Let's Write! 다음 우리말을 보고 작문해 보세요!

> 나는 민지랑 잘 지내지 못해.

1. _____

2. _____

3. _____

003 GET 구동사

get away
휴가를 가다, 떠나다

I want to get away for a few days.
나는 며칠간 휴가를 가고 싶어.

📖 Let's Read! 구동사의 원리를 파악해 보세요!

'(기준점에서) 멀어지는'의 away가 '변화'의 성질을 가진 get과 만나면 '원래 있던 곳에서 멀어지는 변화'의 뉘앙스가 생기는데, 즉 '휴가를 가다, 떠나다'라는 뜻의 구동사가 된답니다. 다음 휴가 때 여러분은 어디로 get away할 예정인가요?

🎙️ Let's Speak! 주어진 표현을 반복해서 말해 보세요!

get away
휴가를 가다, 떠나다

I want to get away for a few days.
나는 며칠간 휴가를 가고 싶어.

✏️ Let's Write! 다음 우리말을 보고 작문해 보세요!

나는 며칠간 휴가를 가고 싶어.

① _____

② _____

③ _____

CHAPTER 01　만화로 배우는 영어 구동사

004　GET 구동사

get back
돌아오다, 돌아가다, 복귀하다

We **got back** to work again.
우리는 일하러 다시 돌아왔어요.

📖 Let's Read! 구동사의 원리를 파악해 보세요!

Get은 여러 의미를 가진 활용도 높은 동사인데, '어느 장소에 이르다, 도착하다'의 뜻도 갖고 있다는 거 알고 계셨나요? Get이 '되돌아가는'의 back과 만나면 '어느 장소에 이르렀다가 다시 되돌아가는', 즉 '돌아오다, 돌아가다, 복귀하다'라는 의미로 확장된답니다.

🔊 Let's Speak! 주어진 표현을 반복해서 말해 보세요!

get back
돌아오다, 돌아가다, 복귀하다

We got back to work again.
우리는 일하러 다시 돌아왔어요.

✏️ Let's Write! 다음 우리말을 보고 작문해 보세요!

> 우리는 일하러 다시 돌아왔어요.

1. _____
2. _____
3. _____

005 GET 구동사

get on
~을 타다, 승차하다

We must get on the train.
우린 그 기차를 꼭 타야 돼요.

📖 Let's Read! 구동사의 원리를 파악해 보세요!

Get on은 '상태'의 get과 '~위에 붙어 있는'의 on이 만나면서 '~위에 붙어 있는 상태', 즉 '~을 타다, 승차하다'라는 의미를 가지게 되었어요. 버스나 기차처럼 여러 사람이 탑승하고 일어설 수 있는 교통수단에 사용한답니다.

get on의 '타다'와 get in의 '타다'의 차이점	보통 car, van, taxi, truck과 같은 교통수단에서는 일어서지 않고 앉아 있죠? 그럴 때는 get in the car, get in the taxi처럼 'get in'을 사용합니다. (아주 작은 경비행기나 교통수단의 사이즈에 따라 예외적으로 get in을 사용하기도 합니다.)

🔊 Let's Speak! 주어진 표현을 반복해서 말해 보세요!

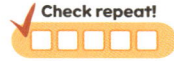
get on
~을 타다, 승차하다

We must get on the train.
우린 그 기차를 꼭 타야 돼요.

✏️ Let's Write! 다음 우리말을 보고 작문해 보세요!

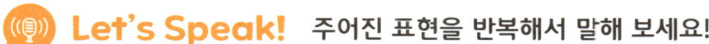

우린 그 기차를 꼭 타야 돼요.

❶ _____

❷ _____

❸ _____

006 GET 구동사

get off
~에서 내리다/하차하다

I **got off** the subway at the wrong stop.
저는 잘못된 지하철역에서 내렸어요.

📖 Let's Read! 구동사의 원리를 파악해 보세요!

'떼어 내는, 멀리 떨어지는'이란 뜻의 전치사 off와 상태 동사 get이 만났을 때 '어떤 것을 타고 있는 상태에서 멀어지는'의 뉘앙스가 생기는데요. 여기서 좀 더 응용해 보면 '(교통수단에서) 내리다, 하차하다'라는 의미를 유추할 수 있을 거예요.

🎙️ Let's Speak! 주어진 표현을 반복해서 말해 보세요!

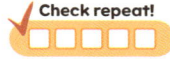
get off
~에서 내리다/하차하다

I got off the subway at the wrong stop.
저는 잘못된 지하철역에서 내렸어요.

✏️ Let's Write! 다음 우리말을 보고 작문해 보세요!

> 저는 잘못된 지하철역에서 내렸어요.

❶

❷

❸

CHAPTER 01   만화로 배우는 영어 구동사

007   GET 구동사

get off work
일을 끝내다, 퇴근하다

내일 뵙겠습니다.

I usually get off work at five o'clock.
나는 보통 5시에 퇴근해.

📖 Let's Read! 구동사의 원리를 파악해 보세요!

'상태'의 get에 '떼어 내는, 멀리 떨어지는'이라는 뜻의 전치사 off가 붙으면 '일하고 있는 상태에서 멀어지는', 즉 '일을 끝내다, 퇴근하다'라는 의미의 구동사가 만들어진답니다.

🎙️ Let's Speak! 주어진 표현을 반복해서 말해 보세요!

Check repeat!

get off work
일을 끝내다, 퇴근하다

Check repeat!

I usually get off work at five o'clock.
나는 보통 5시에 퇴근해.

✏️ Let's Write! 다음 우리말을 보고 작문해 보세요!

> 나는 보통 5시에 퇴근해.

① _____

② _____

③ _____

008 GET 구동사

get by (1)
그럭저럭 지내다

I've been working and getting by.
일하면서 그럭저럭 지내고 있어.

📖 Let's Read! 구동사의 원리를 파악해 보세요!

Get을 생각하면 '얻다'라는 의미가 먼저 떠오르지만, 사실 '도착하다'의 의미도 가지고 있습니다. 도착한다는 것은 그 장소를 get하는 것이기 때문이죠. By는 '~로'와 같이 방법, 수단을 나타내는 전치사인데, 둘이 만나면 '어떤 방법으로 해결 방안을 얻으면서 나아가는'의 뉘앙스가 생긴답니다. 원어민들은 이것을 '그럭저럭 지내다'의 뜻으로 확장해서 사용하는데, get by에는 최소한의 조건으로 버티거나 유지한다는 의미가 내포되어 있어요.

🎙️ Let's Speak! 주어진 표현을 반복해서 말해 보세요!

Check repeat!

get by
그럭저럭 지내다

Check repeat!

I've been working and getting by.
일하면서 그럭저럭 지내고 있어.

✏️ Let's Write! 다음 우리말을 보고 작문해 보세요!

일하면서 그럭저럭 지내고 있어.

1. _____

2. _____

3. _____

009 GET 구동사

get by (2)
지나가다

Excuse me, can I get by?

죄송합니다, 지나가도 될까요?

📖 Let's Read! 구동사의 원리를 파악해 보세요!

'도착하다', '도달하다'의 get과 '옆을 지나서, 통과하여'라는 뜻의 전치사 by가 합쳐지면 '어떤 장애물이나 공간을 통과하여 지나가다'라는 의미의 구동사가 만들어져요. 어떤 사람이나 물건, 장소를 비켜서 지나가는 이미지를 떠올려 보세요.

🎤 Let's Speak! 주어진 표현을 반복해서 말해 보세요!

get by
지나가다

Excuse me, can I get by?
죄송합니다, 지나가도 될까요?

✏️ Let's Write! 다음 우리말을 보고 작문해 보세요!

> 죄송합니다, 지나가도 될까요?

1.
2.
3.

010 GET 구동사

get rid of
없애다, 제거하다

I need to **get rid of** these old clothes.
이 오래된 옷들을 없애야겠어.

📖 Let's Read! 구동사의 원리를 파악해 보세요!

'상태'의 성질을 지닌 동사 get에 rid of의 '없애다'라는 의미가 만나면 '(사람, 사물 등을) 없애다, 제거하다'라는 뜻의 구동사가 돼요. 다소 강한 어조로 무언가를 완전히 없앤다는 뉘앙스가 담겨 있답니다.

🎙️ Let's Speak! 주어진 표현을 반복해서 말해 보세요!

get rid of
없애다, 제거하다

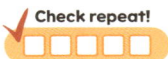
I need to get rid of these old clothes.
이 오래된 옷들을 없애야겠어.

✏️ Let's Write! 다음 우리말을 보고 작문해 보세요!

> 이 오래된 옷들을 없애야겠어.

1. _____
2. _____
3. _____

011 GET 구동사

get through (1)
통과하다, 위기를 넘기다

She got through her exams without too much trouble.

그녀는 큰 어려움 없이 시험을 통과했어.

📖 Let's Read! 구동사의 원리를 파악해 보세요!

여기서 get은 '도착하다'라는 뜻을 지녔고, through는 우리말로 '~을 통과하는'과 같은 의미입니다. Get과 through를 합치면 '시험, 위기 등을 통과하여 어느 지점에 도달하다'라는 뉘앙스의 구동사가 된답니다.

🔊 Let's Speak! 주어진 표현을 반복해서 말해 보세요!

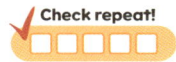
get through
통과하다, 위기를 넘기다

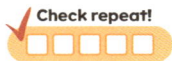
She got through her exams without too much trouble.
그녀는 큰 어려움 없이 시험을 통과했어.

✏️ Let's Write! 다음 우리말을 보고 작문해 보세요!

> 그녀는 큰 어려움 없이 시험을 통과했어.

1.
2.
3.

012 GET 구동사

get through (2)
일을 끝내다

Finally, we got through the project.
마침내 우리는 그 프로젝트를 끝냈어요.

📖 Let's Read! 구동사의 원리를 파악해 보세요!

'얻다'의 get과 '~을 통과하는'의 through가 합쳐진 형태로, 단순히 통과하는 과정이 아니라 '통과해서 끝까지 간 상황', 즉 '(어떤 일을) 끝내다'라는 의미가 담겨 있답니다.

🎙️ Let's Speak! 주어진 표현을 반복해서 말해 보세요!

get through
일을 끝내다

Finally, we got through the project.
마침내 우리는 그 프로젝트를 끝냈어요.

✏️ Let's Write! 다음 우리말을 보고 작문해 보세요!

> 마침내 우리는 그 프로젝트를 끝냈어요.

❶ _____

❷ _____

❸ _____

013 GET 구동사

get to (1)
~에 도착하다

I **got to** the airport on time.
저는 제 시간에 공항**에 도착했어요**.

📖 Let's Read! 구동사의 원리를 파악해 보세요!

'도착하다'의 get과 to가 만나 '~에 도착하다'라는 의미가 만들어졌어요. 도착할 장소를 to 뒤에 넣기만 하면 돼요. 아주 간단하죠?

🎙 Let's Speak! 주어진 표현을 반복해서 말해 보세요!

get to

~에 도착하다

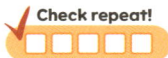

I got to the airport on time.

저는 제 시간에 공항에 도착했어요.

✏ Let's Write! 다음 우리말을 보고 작문해 보세요!

> 저는 제 시간에 공항에 도착했어요.

① _____

② _____

③ _____

014 GET 구동사

get to (2)
~을 시작하다/착수하다

I will get to my assignment soon.
나는 곧 나의 숙제를 시작할 거예요.

📖 Let's Read!   구동사의 원리를 파악해 보세요!

'움직임'의 뉘앙스를 가진 get이 전치사 to와 만나면 '~을 시작하다/착수하다'라는 의미가 만들어지기도 해요. 이때 to 뒤에는 명사(시작하는 일)가 따라온답니다.

🎙️ Let's Speak!   주어진 표현을 반복해서 말해 보세요!

get to
~을 시작하다/착수하다

I will get to my assignment soon.
나는 곧 나의 숙제를 시작할 거예요.

✏️ Let's Write!   다음 우리말을 보고 작문해 보세요!

> 나는 곧 나의 숙제를 시작할 거예요.

① _____

② _____

③ _____

CHAPTER 01 만화로 배우는 영어 구동사

015 GET 구동사

get going
슬슬 가 보다, 이만 가 보다, ~하기 시작하다

It's late. We'd better get going.
늦었네. 슬슬 가 보자.

📖 Let's Read! 구동사의 원리를 파악해 보세요!

'움직이는' 성질의 get과 '가고 있는' 뉘앙스의 going이 만나면 '슬슬 가 보다, 이만 가 보다, ~하기 시작하다'의 뜻이 된답니다. 유사한 구동사로는 get moving이 있어요.

🎙️ Let's Speak! 주어진 표현을 반복해서 말해 보세요!

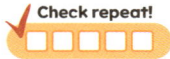
get going
슬슬 가 보다, 이만 가 보다, ~하기 시작하다

✓ Check repeat!
It's late. We'd better get going.
늦었네. 슬슬 가 보자.

✏️ Let's Write! 다음 우리말을 보고 작문해 보세요!

> 늦었네. 슬슬 가 보자.

① _____

② _____

③ _____

CHAPTER 01 만화로 배우는 영어 구동사

016 GET 구동사

get across
전달하다, 이해시키다

Your message didn't get across.
너의 뜻이 전달되지 않았어.

📖 Let's Read! 구동사의 원리를 파악해 보세요!

Get은 '~곳에 이르다, 도착하다'의 뜻이 있으며, across는 '어느 곳에서 다른 곳으로 건너가는'과 같은 뉘앙스가 있죠. Get과 across가 만나면서 '(화자의 말, 메시지 등이) 청자에게 건너가서 이르는', 즉 '전달하다, 이해시키다'의 의미가 생겨났답니다.

🎤 Let's Speak! 주어진 표현을 반복해서 말해 보세요!

Check repeat!
get across
전달하다, 이해시키다

Check repeat!
Your message didn't get across.
너의 뜻이 전달되지 않았어.

✏️ Let's Write! 다음 우리말을 보고 작문해 보세요!

너의 뜻이 전달되지 않았어.

① _____

② _____

③ _____

017 GET 구동사

get around
이리저리 돌아다니다

미국 처음 옴

I don't know how to get around.
난 여기 어떻게 돌아다녀야 하는지 모르겠어.

📖 Let's Read! 구동사의 원리를 파악해 보세요!

Get은 '움직이는 듯한 동적인 이미지'가 있고, around는 '~의 주위를 돌아, 여기저기'와 같은 의미가 있어요. Get과 around과 합쳐지면 '여기저기 움직이는'이라는 뉘앙스가 생겨나는데, 다시 말해 '이리저리 돌아다니다'라는 뜻이 된답니다.

🎙️ Let's Speak! 주어진 표현을 반복해서 말해 보세요!

Check repeat! ☐☐☐☐☐

get around
이리저리 돌아다니다

Check repeat! ☐☐☐☐☐

I don't know how to get around.
난 여기 어떻게 돌아다녀야 하는지 모르겠어.

✏️ Let's Write! 다음 우리말을 보고 작문해 보세요!

> 난 여기 어떻게 돌아다녀야 하는지 모르겠어.

① _____

② _____

③ _____

018　GET 구동사

CHAPTER 01　만화로 배우는 영어 구동사

get together
함께 만나다, 모이다

We should **get together** sometime
for a coffee.

언제 모여서 커피 한잔 하러 가자.

📖 Let's Read! 구동사의 원리를 파악해 보세요!

여기서 get은 '어떤 상태나 상황에 이르는 동작'을 나타냅니다. Together은 '함께, 같이'라는 의미의 부사로, '여러 개체가 하나로 모이는 상태'의 뉘앙스가 있습니다. Get과 together이 결합하여 '함께 있는 상태에 도달하다'와 같은 의미가 생기는데, 이는 사람들이 모이거나 만나는 상황을 표현하고 있답니다.

🎤 Let's Speak! 주어진 표현을 반복해서 말해 보세요!

get together
함께 만나다, 모이다

We should get together sometime for a coffee.
언제 모여서 커피 한잔 하러 가자.

✏️ Let's Write! 다음 우리말을 보고 작문해 보세요!

언제 모여서 커피 한잔 하러 가자.

① _____

② _____

③ _____

019 GET 구동사

get better
나아지다

I think I'm finally getting better from the flu.

드디어 독감이 나아지고 있는 것 같아.

📖 Let's Read! 구동사의 원리를 파악해 보세요!

Get은 '변화하는 동작'을 나타내는 동사이고, better은 '더 나은 상태'를 의미하죠. 이 두 단어가 결합하면서 '더 나아진 상태로 변하다'라는 뉘앙스가 생깁니다. 건강, 실력, 상황 등이 현재보다 나아지는 긍정적인 변화를 표현할 수 있어요.

🎤 Let's Speak! 주어진 표현을 반복해서 말해 보세요!

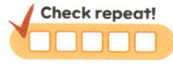
get better
나아지다

I think I'm finally getting better from the flu.
드디어 독감이 나아지고 있는 것 같아.

✏️ Let's Write! 다음 우리말을 보고 작문해 보세요!

> 드디어 독감이 나아지고 있는 것 같아.

① _____

② _____

③ _____

만화로 배우는 영어 구동사

CHAPTER 02

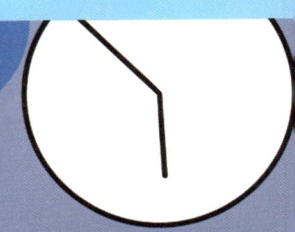

구동사 **CALL**이 가진 성질

Call은 소리를 지르거나
소리를 질러 누군가에게
무언가를 시키는 뉘앙스가 담겨 있으며,
주로 '부르다, 전화하다'의 뜻으로 사용돼요.

020 CALL 구동사

call off
~을 취소하다/중지하다

We should call off the meeting.
우리는 회의를 취소해야 됩니다.

📖 Let's Read! 구동사의 원리를 파악해 보세요!

Call은 '부르다', '외치다'의 뜻이 있고, off는 '(어떤 것으로부터) 떨어지는, 멀어지는'의 뉘앙스가 있어요. 예정된 회의에서 멀어지자고 부르는 장면을 머릿속에 그려 보면 '~을 취소하다/중지하다'라는 의미를 어렵지 않게 유추해 볼 수 있을 거예요.

🎙️ Let's Speak! 주어진 표현을 반복해서 말해 보세요!

call off
~을 취소하다/중지하다

We should call off the meeting.
우리는 회의를 취소해야 됩니다.

✏️ Let's Write! 다음 우리말을 보고 작문해 보세요!

> 우리는 회의를 취소해야 됩니다.

1 _____

2 _____

3 _____

021 CALL 구동사

call for
~을 요구하다

Some people called for his resignation.
몇몇 사람들은 그의 사임을 요구했어요.

📖 Let's Read! 구동사의 원리를 파악해 보세요!

'부르다', '외치다'라는 뜻의 동사 call에 '~을 위해'의 의미를 가진 전치사 for가 붙으면 '어떤 것을 위해 소리쳐 외치는'과 같은 뉘앙스로 확장되는데요. 바꿔 말해 '~을 요구하다'라는 의미로 사용할 수 있답니다.

🎙 Let's Speak!  주어진 표현을 반복해서 말해 보세요!

Check repeat!
call for
~을 요구하다

Check repeat!
Some people called for his resignation.
몇몇 사람들은 그의 사임을 요구했어요.

✏ Let's Write! 다음 우리말을 보고 작문해 보세요!

> 몇몇 사람들은 그의 사임을 요구했어요.

① _____

② _____

③ _____

022 CALL 구동사

call out
큰 소리로 부르다

I called out to him.
저는 그를 큰 소리로 불렀어요.

📖 Let's Read! 구동사의 원리를 파악해 보세요!

동사 call은 '부르다', out은 '밖으로'라는 의미를 지닙니다. 따라서 call out은 '소리가 밖으로 나가게 부르다', 즉 '큰 소리로 부르다'라는 뜻이 된답니다.

🎙️ Let's Speak! 주어진 표현을 반복해서 말해 보세요!

call out
큰 소리로 부르다

I called out to him.
저는 그를 큰 소리로 불렀어요.

✏️ Let's Write! 다음 우리말을 보고 작문해 보세요!

> 저는 그를 큰 소리로 불렀어요.

① _____

② _____

③ _____

023 CALL 구동사

CHAPTER 02 만화로 배우는 영어 구동사

call in sick
병가를 내다

I **called in sick** yesterday.
저는 어제 **병가를 냈어요**.

📖 Let's Read! 구동사의 원리를 파악해 보세요!

Call in은 '(직장에) 전화하다'라는 뜻을 가지고 있어요. Call in sick에는 '아파서 직장에 전화하는'의 뉘앙스가 포함되어 있는데, 어렵지 않게 '병가를 내다'라는 의미로 확장해 볼 수 있겠지요?

🎙️ Let's Speak! 주어진 표현을 반복해서 말해 보세요!

call in sick
병가를 내다

I called in sick yesterday.
저는 어제 병가를 냈어요.

✏️ Let's Write! 다음 우리말을 보고 작문해 보세요!

> 저는 어제 병가를 냈어요.

① _____

② _____

③ _____

024 CALL 구동사

call back
다시 전화하다

I'm a bit busy.
Can I call you back later?

나 좀 바빠. 나중에 다시 전화해도 돼?

📖 Let's Read! 구동사의 원리를 파악해 보세요!

Call은 '전화하다', back은 '다시 이전으로 되돌아가는'이라는 뜻이 있어요. Call back의 뉘앙스를 풀어 설명하면 '(현재 시점에서) 이전으로 되돌아간 듯이 전화하는'이 되는데, 즉 '다시 전화하다'라는 의미가 된답니다.

🎙️ Let's Speak! 주어진 표현을 반복해서 말해 보세요!

call back
다시 전화하다

I'm a bit busy. Can I call you back later?
나 좀 바빠. 나중에 다시 전화해도 돼?

✏️ Let's Write! 다음 우리말을 보고 작문해 보세요!

> 나 좀 바빠. 나중에 다시 전화해도 돼?

❶ _____

❷ _____

❸ _____

만화로 배우는 영어 구동사

CHAPTER 03

구동사 GO가 가진 성질

동사 go에는 '움직이는 물체가
한 장소에서 다른 장소로 가는'의 뉘앙스가 있는데,
우리가 익히 아는 '가다'라는 의미는 여기서 온 것이랍니다.

이렇듯 물리적으로 '가다'라는 뜻도 있지만,
'(어떤 뜻이나 마음이) 움직이는'과 같은 의미로
사용되기도 하는데 혹시 알고 계셨나요?

CHAPTER 03 　만화로 배우는 영어 구동사

025　GO 구동사

go with
~와 어울리다

This necklace goes well with this top.
이 목걸이는 이 상의와 잘 어울려요.

📖 Let's Read!   구동사의 원리를 파악해 보세요!

Go는 '단순히 이동하는 동작'을 나타내고, with는 '무언가와 함께 있는 상태'를 의미합니다. 이 두 개가 결합하면 '함께 가다'뿐만 아니라 '~와 어울리다'라는 의미로 확장된답니다. 이때 go와 with 사이에 well을 넣어 'go well with(~와 잘 어울리다)'라고 하면 한층 더 자연스러운 표현이 돼요.

🎙️ Let's Speak!   주어진 표현을 반복해서 말해 보세요!

✓ Check repeat! ☐☐☐☐☐

go with
~와 어울리다

✓ Check repeat! ☐☐☐☐☐

This necklace goes well with this top.
이 목걸이는 이 상의와 잘 어울려요.

✏️ Let's Write!   다음 우리말을 보고 작문해 보세요!

> 이 목걸이는 이 상의와 잘 어울려요.

❶ _____

❷ _____

❸ _____

026 GO 구동사

CHAPTER 03   만화로 배우는 영어 구동사

go after
~을 (뒤)쫓다

Tom is going after Jerry.

톰이 제리를 쫓고 있는 중이에요.

📖 Let's Read! 구동사의 원리를 파악해 보세요!

Go는 '가다', after는 '~후에'라는 뜻이 있죠. Go와 after가 만나면 '어떤 대상이 간 후에 따라가는'의 뉘앙스가 되는데, 다시 말해 '~을 뒤쫓다'라는 의미로 활용할 수 있답니다. 또한 '꿈을 쫓다(추구하다)'를 말하고 싶을 때도, go after를 사용할 수 있어요.

🎤 Let's Speak! 주어진 표현을 반복해서 말해 보세요!

go after
~를 (뒤)쫓다

Tom is going after Jerry.
톰이 제리를 쫓고 있는 중이에요.

✏️ Let's Write! 다음 우리말을 보고 작문해 보세요!

> 톰이 제리를 쫓고 있는 중이에요.

❶ _____

❷ _____

❸ _____

027 GO 구동사

go against
반대하다

I don't want to go against your will.
저는 당신의 뜻을 반대하고 싶지 않아요.

📖 Let's Read! 구동사의 원리를 파악해 보세요!

Go는 물리적으로 '가다'의 뜻이 있지만, 여기서는 '어떤 뜻이나 마음이 움직이는'의 뉘앙스가 담겨 있어요. Against는 '반대하는, 맞서는'이라는 의미로 go와 만나면 '어떤 뜻과 맞서며 나아가는', 즉 '반대하다'의 뜻으로 활용할 수 있답니다.

🎙️ Let's Speak! 주어진 표현을 반복해서 말해 보세요!

go against
반대하다

I don't want to go against your will.
저는 당신의 뜻을 반대하고 싶지 않아요.

✏️ Let's Write! 다음 우리말을 보고 작문해 보세요!

> 저는 당신의 뜻을 반대하고 싶지 않아요.

❶ _____

❷ _____

❸ _____

028 GO 구동사

go for
~로 정하다

That sounds like a good idea. Go for it!
좋은 생각인 것 같은데. 그렇게 해!

📖 Let's Read! 구동사의 원리를 파악해 보세요!

Go는 '가다', for는 '~을 위해, ~을 향해'의 의미가 있어요. 따라서 go for는 '~을 향해 가는'의 뉘앙스가 내포되어 있는데, 바꿔 말하면 '~로 정하다'라는 의미가 된답니다. 참고로 go for it은 '그렇게 해, 한번 해 봐'로 상대의 결정에 대해 응원하거나 용기를 줄 때 사용해요.

🎤 Let's Speak! 주어진 표현을 반복해서 말해 보세요!

go for
~로 정하다

That sounds like a good idea. Go for it!
좋은 생각인 것 같은데. 그렇게 해!

✏️ Let's Write! 다음 우리말을 보고 작문해 보세요!

> 좋은 생각인 것 같은데. 그렇게 해!

❶ _____

❷ _____

❸ _____

CHAPTER 03 만화로 배우는 영어 구동사

029 GO 구동사

go off
발사되다, (알람, 벨 등이) 울리다

The gun went off accidentally.
그 총은 실수로 발사되었어요.

📖 Let's Read! 구동사의 원리를 파악해 보세요!

Go는 '가다', off는 '(본체에서) 떨어지는'이라는 의미가 있어요. Go와 off가 만나면 '원래 본체에서 떨어져서 가다'의 뉘앙스가 생기는데, 원어민들은 이것을 '발사되다', '(알람, 벨 등이) 울리다'의 뜻으로 사용한답니다.

🎤 Let's Speak! 주어진 표현을 반복해서 말해 보세요!

go off
발사되다, (알람, 벨 등이) 울리다

The gun went off accidentally.
그 총은 실수로 발사되었어요.

✏️ Let's Write! 다음 우리말을 보고 작문해 보세요!

> 그 총은 실수로 발사되었어요.

① _____

② _____

③ _____

030 GO 구동사

go on (1)
계속하다, 시작되다

The search for a cure goes on.
치료를 위한 연구는 계속될 거예요.

📖 Let's Read!   구동사의 원리를 파악해 보세요!

Go는 '가다', on은 '~위에'처럼 주로 위치를 나타내지만, '(어떤 일이) 시작되다'라는 뜻도 가지고 있답니다. 예를 들어 on air(생방송이 시작되다), on sale(할인 판매하다) 속 on이 바로 그런 의미예요. Go on은 '어떤 일을 시작한 상태로 쭉 가는'의 뉘앙스가 있는데, 즉 '계속하다, 시작되다'의 뜻이 됩니다.

🎤 Let's Speak!   주어진 표현을 반복해서 말해 보세요!

go on
계속하다, 시작되다

The search for a cure goes on.
치료를 위한 연구는 계속될 거예요.

✏️ Let's Write!   다음 우리말을 보고 작문해 보세요!

> 치료를 위한 연구는 계속될 거예요.

❶ _____

❷ _____

❸ _____

031 GO 구동사

go on (2)
(일이) 일어나다

What's going on here?

이게 무슨 일이야?

📖 Let's Read! 구동사의 원리를 파악해 보세요!

Go on은 '어떤 갑작스러운 일이 시작되어 가는'의 뉘앙스가 담겨 있기도 해요. 현지에서는 이것을 '(일이) 일어나다'로 사용하는데, 대표적인 예시 표현으로는 'What's going on?(무슨 일이야?)'가 있답니다.

🔊 Let's Speak! 주어진 표현을 반복해서 말해 보세요!

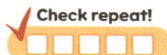
go on
(일이) 일어나다

What's going on here?
이게 무슨 일이야?

✏️ Let's Write! 다음 우리말을 보고 작문해 보세요!

> 이게 무슨 일이야?

① _____

② _____

③ _____

CHAPTER 03 　만화로 배우는 영어 구동사

032　GO 구동사

go through (1)
~을 겪다

He's **going through** a lot right now.
그는 지금 힘든 시기를 겪고 있어.

📖 Let's Read! 구동사의 원리를 파악해 보세요!

Go는 '가다', through는 '~을 통과하여'라는 뜻이 있습니다. 따라서 go through는 '물리적으로 어느 장소를 통과하다'라는 뉘앙스가 생기지만, '(힘든 일, 경험, 시험 등을) 통과하는'의 의미로 활용하기도 한답니다. 주로 안 좋은 일에 사용해요.

🎙️ Let's Speak! 주어진 표현을 반복해서 말해 보세요!

go through
~을 겪다

He's going through a lot right now.
그는 지금 힘든 시기를 겪고 있어.

✏️ Let's Write! 다음 우리말을 보고 작문해 보세요!

> 그는 지금 힘든 시기를 겪고 있어.

❶ _____

❷ _____

❸ _____

033 GO 구동사

go through (2)
거듭 살펴보다, 검토하다

Remember to go through the pockets.
주머니 잘 살펴보는 걸 기억해.

📖 Let's Read! 구동사의 원리를 파악해 보세요!

Through에는 '어느 기준점에서 다른 기준점으로 통과하는'의 뉘앙스가 담겨 있는데, 그 기준점이 한 페이지가 될 수도 있고 한 문장이 될 수도 있답니다. 따라서 go through는 '정한 기준점을 통과하고 다음 기준점으로 계속 가는', 다시 말해 '거듭 살펴보다, 검토하다'의 의미로도 사용할 수 있답니다.

🎙 Let's Speak!  주어진 표현을 반복해서 말해 보세요!

go through
거듭 살펴보다, 검토하다

Remember to go through the pockets.
주머니 잘 살펴보는 걸 기억해.

✏️ Let's Write! 다음 우리말을 보고 작문해 보세요!

주머니 잘 살펴보는 걸 기억해.

① _____

② _____

③ _____

034 GO 구동사

go out
외출하다, 나가다

Let's go out for a drink.
술이나 한잔 하러 나가자!

📖 Let's Read! 구동사의 원리를 파악해 보세요!

Go는 '가다', out은 '밖으로' 라는 뜻이 있습니다. Go와 out을 합치면 '밖으로 나가는' 의 이미지가 떠오르는데, 원어민들은 '외출하다, 나가다'의 의미로 확장해서 사용해요. 주로 재미있고 신나는 일을 하러 나간다는 뉘앙스예요.

🎙️ Let's Speak! 주어진 표현을 반복해서 말해 보세요!

go out
외출하다, 나가다

Let's go out for a drink.
술이나 한잔 하러 나가자!

✏️ Let's Write! 다음 우리말을 보고 작문해 보세요!

> 술이나 한잔 하러 나가자!

1. ___
2. ___
3. ___

만화로 배우는 영어 구동사

CHAPTER 04

구동사 GIVE가 가진 성질

Give는 물리적으로 '주다'의 의미뿐만 아니라 보이지 않는 '마음이나, 냄새, 분위기 등을 전달하는'의 뉘앙스도 가지고 있답니다.

Learning English Phrasal Verbs Through Comics

CHAPTER 04
전체 듣기

035 GIVE 구동사

give away (1)
나눠 주다

I will give away my books.

나는 나의 책들을 나눠 줄 거야.

📖 Let's Read! 구동사의 원리를 파악해 보세요!

'주다'의 give에 '기준점에서 멀어지는'의 away가 붙으면 '어떤 것을 주고 멀어지는'의 의미로 확장되는데, 원어민들은 '나눠 주다'의 뜻으로 사용한답니다. 돈을 받지 않고 남에게 무언가를 나눠 준다는 뉘앙스가 포함되어 있어요.

🎤 Let's Speak! 주어진 표현을 반복해서 말해 보세요!

give away
나눠 주다

I will give away my books.
나는 나의 책들을 나눠 줄 거야.

✏️ Let's Write! 다음 우리말을 보고 작문해 보세요!

> 나는 나의 책들을 나눠 줄 거야.

1. _____
2. _____
3. _____

036 GIVE 구동사

He gave away state secrets to the enemy.

그가 적에게 국가기밀을 누설했어요.

📖 Let's Read! 구동사의 원리를 파악해 보세요!

Give away는 '(어떤 비밀, 기밀 등을) 주고 멀어지는'의 뉘앙스로 확장되기도 하는데, 정리하자면 '(비밀을) 누설하다, 폭로하다'의 뜻으로 사용할 수 있답니다.

🎙️ Let's Speak! 주어진 표현을 반복해서 말해 보세요!

give away

(비밀을) 누설하다, 폭로하다

He gave away state secrets to the enemy.

그가 적에게 국가기밀을 누설했어요.

✏️ Let's Write! 다음 우리말을 보고 작문해 보세요!

> 그가 적에게 국가기밀을 누설했어요.

① _____

② _____

③ _____

037 GIVE 구동사

give in
~에 굴복하다/항복하다

I'm not going to give in to temptation.
나는 유혹에 굴복하지 않을 거야.

📖 Let's Read! 구동사의 원리를 파악해 보세요!

Give는 '주다', in은 '~안으로'의 뜻이 있습니다. Give in의 뉘앙스를 직접적으로 말하면 '(어떤 압력, 유혹, 힘 등에 의해) 상대 안으로 나의 것을 주는'이 되는데, 다시 말해 '~에 굴복하다/항복하다'의 뜻으로 사용한답니다. Give up이 나의 의지로 완전히 포기한 것이라면, give in은 '외부의 힘으로 저항하다가 굴복한다'라는 뉘앙스랍니다.

🎤 Let's Speak! 주어진 표현을 반복해서 말해 보세요!

give in
~에 굴복하다/항복하다

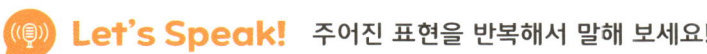

I'm not going to give in to temptation.
나는 유혹에 굴복하지 않을 거야.

✏️ Let's Write! 다음 우리말을 보고 작문해 보세요!

> 나는 유혹에 굴복하지 않을 거야.

❶ _____

❷ _____

❸ _____

CHAPTER 04 · 만화로 배우는 영어 구동사

038 GIVE 구동사

give it up for
~에게 박수를 보내다

Let's **give it up for** him.
그에게 박수를 보냅시다.

📖 Let's Read! 구동사의 원리를 파악해 보세요!

Give it up for에 딱 맞는 우리말을 찾긴 어렵지만, 여기서 give up은 '포기하다'라는 뜻이 있습니다. Give it up for는 for 뒤에 오는 대상을 위해 '잠시 하던 걸 멈추고(포기하고) 박수를 주는(치는)'의 뉘앙스로 활용할 수 있어요.

🎤 Let's Speak! 주어진 표현을 반복해서 말해 보세요!

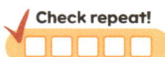

give it up for
~에게 박수를 보내다

Let's give it up for him.
그에게 박수를 보냅시다.

✏️ Let's Write! 다음 우리말을 보고 작문해 보세요!

> 그에게 박수를 보냅시다.

1.
2.
3.

만화로 배우는 영어 구동사

CHAPTER 05

구동사 LOOK이 가진 성질

이 e-mail 좀 봐주세요.

Look은 기본적으로 '보다'라는 의미가 있지만 '바라보다'에 더 가깝습니다.
먼저 '보다'의 뜻을 가진 see, look, watch의 차이점을 비교하며 설명해 드릴게요.

See는 의도를 가지고 본 것은 아니고 자신의 시야에 들어와서 보게 된 경우에 사용합니다. 예를 들어 "나 지나가다가 차 사고 난 것을 보았어"의 경우, 지나가는데 우연히 내 시야에 들어와서 보게 되었기 때문에 see(saw)를 사용합니다.

Watch는 어느 정도 시간을 가지고 집중해서 보며, 다음에 일어날 일에 관해 관심을 가지고 볼 때 씁니다. 우리가 영화나 유튜브를 볼 때, 시간을 갖고 집중해서 보기 때문에 watch를 사용하는 것이 적절합니다.

Look은 어떤 방향을 향해 바라본다는 느낌이 있습니다. Watch와 비슷한 느낌이지만 계속 집중해서 보는 watch와는 다르게 순간 집중하여 대상을 향해 바라보는 것이 중요하기에 방향을 특정하는 at, toward, up과 같은 전치사와 함께 쓰입니다.

Learning English Phrasal Verbs Through Comics

CHAPTER 05
 전체 듣기

CHAPTER 05 · 만화로 배우는 영어 구동사

039 LOOK 구동사

look after
~을 돌보다

I should **look after** my brother.

제 남동생을 돌봐야 해요.

📖 Let's Read! 구동사의 원리를 파악해 보세요!

Look은 '바라보다', after는 '뒤를 쫓아서, 따라다니며'의 뜻이 있죠. Look과 after가 만나면서 '한 대상의 뒤를 따라다니면서 바라보며 도움을 주는'의 뉘앙스가 생기는데, 좀 더 매끄럽게 다듬으면 '~을 돌보다'가 된답니다.

🎙️ Let's Speak! 주어진 표현을 반복해서 말해 보세요!

look after
~을 돌보다

I should look after my brother.
제 남동생을 돌봐야 해요.

✏️ Let's Write! 다음 우리말을 보고 작문해 보세요!

> 제 남동생을 돌봐야 해요.

1.
2.
3.

CHAPTER 05 · 만화로 배우는 영어 구동사

040 LOOK 구동사

look down on
~을 얕잡아 보다

Why do you look down on me?
너는 왜 나를 얕잡아 보는 거니?

📖 Let's Read! 구동사의 원리를 파악해 보세요!

Look은 우리말로 '바라보다', down은 '아래로'이며, 전치사 on은 정확한 날이나 날짜 앞에 사용하는데요. 원어민들은 look down on을 '상대를 낮춰서 바라보는'의 뉘앙스, 바꿔 말해 '얕잡아 보다'의 의미로 활용한답니다. 무시하는 대상이 on 뒤에 온다는 점도 잘 체크해 주세요.

Ignore의 '무시하다'와 Look down on의 '무시하다'의 차이점	'Ignore'은 상대가 말해도 못 들은 척, 못 본 척하고 자신의 할 일을 하는, 흔히 말하는 '쌩까다(?)'라는 표현에 가깝습니다. 'Look down on'은 상대를 얕잡아 보며 상대의 능력을 자신과 비교해서 무시할 때 사용합니다.

🎙️ Let's Speak! 주어진 표현을 반복해서 말해 보세요!

look down on
~을 얕잡아 보다

Why do you look down on me?
너는 왜 나를 얕잡아 보는 거니?

✏️ Let's Write! 다음 우리말을 보고 작문해 보세요!

> 너는 왜 나를 얕잡아 보는 거니?

① _____

② _____

③ _____

041 LOOK 구동사

look for
~을 찾다

I am **looking for** my wallet.
제 지갑을 찾고 있는 중이에요.

📖 Let's Read! 구동사의 원리를 파악해 보세요!

Look은 '바라보다', for는 '~을 위해'라는 뜻이 있어요. For 뒤에 오는 사람이나 물건 등을 찾기 위해 계속 시선을 보낸다는 이미지를 떠올려 보면 '찾다'라는 의미를 유추해 볼 수 있을 거예요.

🎤 Let's Speak! 주어진 표현을 반복해서 말해 보세요!

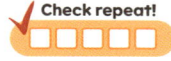
look for
~을 찾다

I am looking for my wallet.
제 지갑을 찾고 있는 중이에요.

✏️ Let's Write! 다음 우리말을 보고 작문해 보세요!

> 제 지갑을 찾고 있는 중이에요.

❶ _____

❷ _____

❸ _____

CHAPTER 05 · 만화로 배우는 영어 구동사

042 LOOK 구동사

look over
간단히 훑어보다, 대강 살펴보다

Could you look over this e-mail?
이 e-mail 간단히 훑어봐 주시겠어요?

📖 Let's Read! 구동사의 원리를 파악해 보세요!

Look은 '바라보다'이며, over은 여러 뜻이 있지만 여기서는 '처음부터 끝까지'라는 의미예요. Look over은 '(어떤 서류나 책 등을) 처음부터 끝까지 빠르게 바라보다', 즉 '간단히 훑어보다, 대강 살펴보다'라는 뜻이 된답니다.

🎙️ Let's Speak! 주어진 표현을 반복해서 말해 보세요!

look over
간단히 훑어보다, 대강 살펴보다

Could you look over this e-mail?
이 e-mail 간단히 훑어봐 주시겠어요?

✏️ Let's Write! 다음 우리말을 보고 작문해 보세요!

> 이 e-mail 간단히 훑어봐 주시겠어요?

1. ___
2. ___
3. ___

CHAPTER 05   만화로 배우는 영어 구동사

043   LOOK 구동사

look back on something
(과거를) 되돌아보다, 회상하다

She often looks back on her life.
그녀는 종종 그녀의 삶을 되돌아봐요.

📖 Let's Read! 구동사의 원리를 파악해 보세요!

'바라보다'의 look과 '되돌아가는'의 back을 합친 look back에 전치사 on를 접속하면 '~을 위해 되돌아가서 보는'이라는 뉘앙스가 생기는데요. 이것을 원어민들은 '(과거를) 되돌아보다, 회상하다'라는 의미로 사용해요. On 뒤에는 되돌아보는 시간, 추억, 사건 등이 온답니다.

🔊 Let's Speak! 주어진 표현을 반복해서 말해 보세요!

look back
(과거를) 되돌아보다, 회상하다

She often looks back on her life.
그녀는 종종 그의 삶을 되돌아봐요.

✏️ Let's Write! 다음 우리말을 보고 작문해 보세요!

> 그녀는 종종 그녀의 삶을 되돌아봐요.

① _____

② _____

③ _____

044 LOOK 구동사

look forward to
~을 기대하다/고대하다

He is looking forward to living in his new home.

그는 새 집에 사는 것을 기대하고 있어요.

📖 Let's Read! 구동사의 원리를 파악해 보세요!

Look은 '바라보다', forward는 '(좋은 결과를 향하여) 앞으로'라는 뜻이 있어요. Look forward to를 직역하면 '앞으로의 좋은 일을 바라보는'이 되는데, 즉 '~을 기대하다/고대하다'라는 의미가 됩니다.

 Let's Speak! 주어진 표현을 반복해서 말해 보세요!

look forward to
~을 기대하다/고대하다

He is looking forward to living in his new home.
그는 새 집에 사는 것을 기대하고 있어요.

✏️ Let's Write! 다음 우리말을 보고 작문해 보세요!

그는 새 집에 사는 것을 기대하고 있어요.

① _____

② _____

③ _____

045 LOOK 구동사

look into
~을 조사하다

Scientists are looking into ways of reducing pollution.

과학자들은 환경오염을 줄이기 위한 방법들을 조사해요.

📖 Let's Read! 구동사의 원리를 파악해 보세요!

'보다'라는 의미의 look이 '~안으로'를 뜻하는 into와 만나면 '어떤 사실을 더 깊이(안으로) 알기 위해 들여다보는'과 같은 의미가 됩니다. 원어민들은 이 표현을 확장해 '~을 조사하다'의 뜻으로 자주 사용해요.

🎤 Let's Speak! 주어진 표현을 반복해서 말해 보세요!

look into
~을 조사하다

Scientists are looking into ways of reducing pollution.
과학자들은 환경오염을 줄이기 위한 방법들을 조사해요.

✏️ Let's Write! 다음 우리말을 보고 작문해 보세요!

> 과학자들은 환경오염을 줄이기 위한 방법들을 조사해요.

① _____

② _____

③ _____

CHAPTER 05   만화로 배우는 영어 구동사

046   LOOK 구동사

look at
~을 쳐다보다/바라보다

I looked at the sky.
나는 하늘을 쳐다보았다.

📖 Let's Read! 구동사의 원리를 파악해 보세요!

Look은 '바라보다', at은 '~을 콕 찍어'라는 의미를 가지고 있어요. 그래서 look at은 '어떤 대상을 특정해서 바라보는'과 같은 느낌을 줍니다. 다시 말해 '~을 쳐다보다/바라보다'라는 뜻으로 사용할 수 있어요.

🎙️ Let's Speak! 주어진 표현을 반복해서 말해 보세요!

look at
~을 쳐다보다/바라보다

I looked at the sky.
나는 하늘을 쳐다보았다.

✏️ Let's Write! 다음 우리말을 보고 작문해 보세요!

> 나는 하늘을 쳐다보았다.

① _____

② _____

③ _____

047 LOOK 구동사

look up to
~을 존경하다

I look up to my father.

저는 아버지를 존경해요.

📖 Let's Read! 구동사의 원리를 파악해 보세요!

'바라보다'의 look과 '~위로'의 up이 만난 형태인 look up to는 신하가 왕을 볼 때처럼 무릎을 꿇고 위를 올려다보는 것 같은 이미지가 그려지는데요. 단순히 위를 올려다보는 것에 그치지 않고 '~을 존경하다'의 뜻으로 확장된 것이랍니다.

🎙️ Let's Speak! 주어진 표현을 반복해서 말해 보세요!

look up to
~을 존경하다

I look up to my father.
저는 아버지를 존경해요.

✏️ Let's Write! 다음 우리말을 보고 작문해 보세요!

> 저는 아버지를 존경해요.

① _____

② _____

③ _____

048 LOOK 구동사

look something up
(사전, 자료, 컴퓨터 등에서) 찾아보다

If you don't know the word,
look it up in a dictionary.

만약 그 단어를 모른다면, 사전을 찾아봐.

📖 Let's Read! 구동사의 원리를 파악해 보세요!

Look은 '보다', up은 '최대치의, 싹 다'라는 의미가 있어요. 따라서 look something up은 '어떤 정보나 자료를 최대치로 보는'이라는 뉘앙스가 생겨났는데, 네이티브들은 일상생활에서 '(사전, 자료, 컴퓨터 등에서) 찾아보다'라는 의미로 활용한답니다.

🎙️ Let's Speak! 주어진 표현을 반복해서 말해 보세요!

look something up
(사전, 자료, 컴퓨터 등에서) 찾아보다

If you don't know the word, look it up in a dictionary.
만약 그 단어를 모른다면, 사전을 찾아봐.

✏️ Let's Write! 다음 우리말을 보고 작문해 보세요!

> 만약 그 단어를 모른다면, 사전을 찾아봐.

1.
2.
3.

049 LOOK 구동사

look around
여기저기 찾아보다, 주위를 살펴보다

Let's look around for a nice sweatshirt.
괜찮은 맨투맨 하나 여기저기 찾아보자.

📖 Let's Read! 구동사의 원리를 파악해 보세요!

Look은 '시선을 돌려 무언가를 보는 동작'을 의미하고, around는 '주변 전체'를 의미하는 표현이에요. 이 두 단어가 결합하면 '여기저기 찾아보다, 주위를 살펴보다'라는 의미가 됩니다. 즉 어떤 장소나 환경을 자세히 보거나 탐색하는 상황에서 사용할 수 있어요.

🎙️ Let's Speak! 주어진 표현을 반복해서 말해 보세요!

look around
여기저기 찾아보다, 주위를 살펴보다

Let's look around for a nice sweatshirt.
괜찮은 맨투맨 하나 여기저기 찾아보자.

✏️ Let's Write! 다음 우리말을 보고 작문해 보세요!

> 괜찮은 맨투맨 하나 여기저기 찾아보자.

① _____

② _____

③ _____

만화로 배우는 영어 구동사

CHAPTER 06

구동사 **MAKE**가 가진 성질

Make는 기본적으로 '만들다'라는 뜻이 있지만
'어떤 부족한 부분을 구성해서 채워 넣다'라는
뉘앙스도 있답니다.
그럼 make를 활용한 구동사를 살펴볼까요?

CHAPTER 06

050 MAKE 구동사

make up
(이야기 등을) 지어내다

I made up that story.
그 이야기 내가 지어낸 거야.

📖 Let's Read! 구동사의 원리를 파악해 보세요!

Make는 '만들다', up은 '최대치의, 싹 다'의 뜻이 있습니다. 따라서 make up은 '어떤 것을 싹 다 만들어 내는'과 같은 뉘앙스가 되는데, 정리하자면 '(남을 속이거나 재미를 위해 이야기 등을) 지어내다'라는 의미가 된답니다.

🎤 Let's Speak! 주어진 표현을 반복해서 말해 보세요!

Check repeat! ☐☐☐☐☐

make up
(이야기 등을) 지어내다

Check repeat! ☐☐☐☐☐

I made up that story.
그 이야기 내가 지어낸 거야.

✏️ Let's Write! 다음 우리말을 보고 작문해 보세요!

> 그 이야기 내가 지어낸 거야.

❶ _____

❷ _____

❸ _____

051 MAKE 구동사

make up (with)
(~와) 화해하다

Newlyweds fight and make up often.
신혼부부들은 자주 싸우고 화해한다.

📖 Let's Read! 구동사의 원리를 파악해 보세요!

마찬가지로 make up은 '어떤 것을 싹 다 만들다', 즉 '부족한 부분을 채워 넣다'라는 뉘앙스를 갖고 있습니다. With 뒤에 오는 대상과 '부족했던 감정 등을 구성해서 채워 넣는' 모습을 상상해 보세요. '화해하다'라는 의미, 어렵지 않죠? 참고로 with는 생략할 수 있답니다.

🎤 Let's Speak! 주어진 표현을 반복해서 말해 보세요!

Check repeat!

make up (with)

(~와) 화해하다

Check repeat!

Newlyweds fight and make up often.

신혼부부들은 자주 싸우고 화해한다.

✏️ Let's Write! 다음 우리말을 보고 작문해 보세요!

신혼부부들은 자주 싸우고 화해한다.

① _____

② _____

③ _____

CHAPTER 06   만화로 배우는 영어 구동사

052   MAKE 구동사

make fun of
~을 놀리다/비웃다

We **made fun of** each other's outfits.
우리는 서로의 옷차림을 놀렸다.

📖 Let's Read!   구동사의 원리를 파악해 보세요!

'만들다'의 make와 '웃긴, 재미있는'의 fun 뒤에 접속사 of를 붙인 make fun of는 '(어떤 대상을) 놀림거리로 만드는'의 뉘앙스가 있답니다. 정리하자면 '~을 놀리다/비웃다'의 뜻으로 사용할 수 있어요. Of 뒤에는 놀리는 대상이 온답니다.

🎙️ Let's Speak!   주어진 표현을 반복해서 말해 보세요!

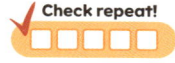
make fun of
~을 놀리다/비웃다

We made fun of each other's outfits.
우리는 서로의 옷차림을 놀렸다.

✏️ Let's Write!   다음 우리말을 보고 작문해 보세요!

> 우리는 서로의 옷차림을 놀렸다.

❶ _____

❷ _____

❸ _____

053 MAKE 구동사

make up for
만회하다, 보상하다

He made up for being late by bringing flowers and apologizing.

그가 늦어서 꽃을 가져와 사과하면서 실수를 만회했다.

📖 Let's Read! 구동사의 원리를 파악해 보세요!

Make up은 앞에서 이미 다룬 것처럼 '부족한 부분을 구성해서 채워 넣는'이라는 뉘앙스예요. 전치사 for와 만나게 되면 '(실수, 잘못으로 인해) 부족했던 부분을 구성해서 채워 넣는'의 의미가 되는데, 즉 '만회하다'라는 뜻으로 활용할 수 있어요.

🎙️ Let's Speak! 주어진 표현을 반복해서 말해 보세요!

Check repeat!

make up for
만회하다, 보상하다

Check repeat!

He made up for being late by bringing flowers and apologizing.
그가 늦어서 꽃을 가져와 사과하면서 실수를 만회했다.

✏️ Let's Write! 다음 우리말을 보고 작문해 보세요!

> 그가 늦어서 꽃을 가져와 사과하면서 실수를 만회했다.

❶ _____

❷ _____

❸ _____

만화로 배우는 영어 구동사

CHAPTER 07

구동사 TAKE가 가진 성질

Take는 '가져가다, 취하다'라는 뜻인데
'어떤 것을 가지고 다른 곳으로 이동하는'의
뉘앙스가 있습니다.
'물건, 물체, 몸, 마음, 영역 등을 집거나 잡아들이는 과정'을
표현할 때 활용할 수 있는 활용도 높은 동사랍니다.

오늘 저녁식사

Learning English Phrasal Verbs Through Comics

CHAPTER 07
전체 듣기

CHAPTER 07 만화로 배우는 영어 구동사

054 TAKE 구동사

take after
~을 닮다

The son takes after his father.

아들이 아빠를 닮았어요.

📖 Let's Read! 구동사의 원리를 파악해 보세요!

Take는 '가져가다', after는 '~후에/뒤에'라는 뜻이 있어요. Take after의 뉘앙스를 풀어서 설명하면 '가족이 먼저 존재하고 그 뒤에(이어받아) 주체가 특정 성향, 생김새 등을 가져가는(받아가는)'이 되는데, 쉽게 말해 '~을 닮다'의 의미가 된답니다.

🎙️ Let's Speak! 주어진 표현을 반복해서 말해 보세요!

take after
~을 닮다

The son takes after his father.
아들이 아빠를 닮았어요.

✏️ Let's Write! 다음 우리말을 보고 작문해 보세요!

아들이 아빠를 닮았어요.

1.
2.
3.

055 TAKE 구동사

take on
(일, 책임 등을) 맡다, 떠맡다

She recently took on a new project.
그녀는 최근 새로운 프로젝트를 맡았어요.

📖 Let's Read! 구동사의 원리를 파악해 보세요!

Take는 '(무언가를) 받아들이거나 가져오는 동작'을 의미하고, on은 '표면 위에 놓이거나, 어떤 것을 떠맡는'의 느낌을 줍니다. 이 두 단어가 만나면 '(역할, 책임 등을) 맡다, 떠맡다'라는 의미로 확장돼요.

🎙️ Let's Speak! 주어진 표현을 반복해서 말해 보세요!

take on
(일, 책임 등을) 맡다, 떠맡다

She recently took on a new project.
그녀는 최근 새로운 프로젝트를 맡았어요.

✏️ Let's Write! 다음 우리말을 보고 작문해 보세요!

> 그녀는 최근 새로운 프로젝트를 맡았어요.

① _____

② _____

③ _____

056 TAKE 구동사

take off (1)
(옷, 신발 등을) 벗다

Please **take off** your shoes.
신발을 벗어 주세요.

📖 Let's Read! 구동사의 원리를 파악해 보세요!

여기서 take는 '취하다', off는 '붙어있던 것에서 멀어지고 떨어지는'이라는 뜻을 가지고 있죠. 내 몸에 붙어있던 것을 취해서(take) 떨어뜨리는(off) 이미지를 머릿속으로 한번 그려 보세요. '(옷, 신발 등을) 벗다'라는 의미가 자연스럽게 떠오르지 않나요?

🎙️ Let's Speak! 주어진 표현을 반복해서 말해 보세요!

take off
(옷, 신발 등을) 벗다

Please take off your shoes.
신발을 벗어 주세요.

✏️ Let's Write! 다음 우리말을 보고 작문해 보세요!

> 신발을 벗어 주세요.

① _____

② _____

③ _____

057 TAKE 구동사

take off (2)
이룩하다

The plane is about to take off.

비행기가 막 이룩하려고 해요.

📖 Let's Read! 구동사의 원리를 파악해 보세요!

바로 앞에서 다뤘던 take off(벗다)와 뉘앙스는 비슷해요. 다만 take off는 '엔진이나 공기의 저항을 취해서(take) 땅과 멀어지는(off)'의 의미로 확장해서 사용하기도 하는데, 이것을 원어민들은 '이륙하다'의 뜻으로 활용한답니다.

🎙️ Let's Speak! 주어진 표현을 반복해서 말해 보세요!

take off
이륙하다

The plane is about to take off.
비행기가 막 이륙하려고 해요.

✏️ Let's Write! 다음 우리말을 보고 작문해 보세요!

> 비행기가 막 이륙하려고 해요.

1. _____
2. _____
3. _____

058 TAKE 구동사

take out
꺼내다

Just take out what you have now.
당신이 가진 것을 꺼내 보세요.

📖 Let's Read! 구동사의 원리를 파악해 보세요!

Take는 '가져가다', out은 '바깥쪽'이라는 뜻이 있습니다. Take와 out이 만나면서 '바깥쪽으로 가져가는', 바꿔 말해 '꺼내다'의 의미로 사용할 수 있어요. 이외에도 take out은 '음식을 포장하다, 제거하다, (책 등을) 대출하다' 등 다양한 상황에서 활용할 수 있는 다재다능한 구동사랍니다.

🔊 Let's Speak!  주어진 표현을 반복해서 말해 보세요!

take out
꺼내다

Just take out what you have now.
당신이 가진 것을 꺼내 보세요.

✏️ Let's Write! 다음 우리말을 보고 작문해 보세요!

당신이 가진 것을 꺼내 보세요.

① _____

② _____

③ _____

059 TAKE 구동사

take over
~을 인계받다/물려받다

The son took over his father's company.
아들이 아버지의 회사를 물려받았어요.

📖 Let's Read! 구동사의 원리를 파악해 보세요!

Take는 '취하다', over은 '넘어가는'이라는 의미가 있어요. Take와 over이 만나면서 '누군가에게 넘겨서(over) 취하다(take)'라는 뉘앙스가 추가 되었어요. 어떤 일을 대신 하거나 떠맡게 된다는 느낌인데, 더 나아가서 '~을 인계받다/물려받다'라는 의미로 확장해서 사용할 수 있답니다.

🔊 Let's Speak! 주어진 표현을 반복해서 말해 보세요!

take over
~을 인계받다/물려받다

The son took over his father's company.
아들이 아버지의 회사를 물려받았어요.

✏️ Let's Write! 다음 우리말을 보고 작문해 보세요!

아들이 아버지의 회사를 물려받았어요.

① _____

② _____

③ _____

060 TAKE 구동사

take back
반납하다, 반품하다

Take it back to the shop for a refund.
환불받으려면 가게에 반납하세요.

📖 Let's Read! 구동사의 원리를 파악해 보세요!

Take는 '가져가다', back은 '이전으로 되돌아가는'이라는 뜻이 있어요. Take와 back이 만나서 '(어떤 것을) 다시 가져가는'과 같은 의미로 확장되었는데, 원어민들은 '반납하다, 반품하다'를 표현할 때, 이 take back을 활용한답니다.

🎙️ Let's Speak! 주어진 표현을 반복해서 말해 보세요!

take back
반납하다, 반품하다

Take it back to the shop for a refund.
환불받으려면 가게에 반납하세요.

✏️ Let's Write! 다음 우리말을 보고 작문해 보세요!

> 환불받으려면 가게에 반납하세요.

① _____

② _____

③ _____

CHAPTER 07   만화로 배우는 영어 구동사

061   TAKE 구동사

take someone out
(식사, 공연 등에) 초대하다, 대접하다

I want to take you out to dinner.

나는 너를 저녁식사에 초대하고 싶어.

📖 Let's Read! 구동사의 원리를 파악해 보세요!

Take someone out은 '누군가에게 어떤 것을 주기 위해 어느 장소로 데려가는'의 의미가 있어요. 즉 '초대하다, 대접하다'라는 뜻으로 사용되는데, 현지에서는 '한턱내다'의 뉘앙스로도 활용해요.

🎙️ Let's Speak! 주어진 표현을 반복해서 말해 보세요!

Check repeat!

take someone out
(식사, 공연 등에) 초대하다, 대접하다

Check repeat!

I want to take you out to dinner.
나는 너를 저녁식사에 초대하고 싶어.

✏️ Let's Write! 다음 우리말을 보고 작문해 보세요!

> 나는 너를 저녁식사에 초대하고 싶어.

❶ _____

❷ _____

❸ _____

062 TAKE 구동사

take something out on
(누군가에게) 화풀이하다

Don't take it out on me.

나에게 화풀이하지 마.

📖 Let's Read! 구동사의 원리를 파악해 보세요!

Take out은 '꺼내다'이고, something은 여기서 '화, 분노'와 같이 부정적인 감정을 나타내요. Take something out on은 '~에게 화를 꺼내는', 즉 '(누군가에게) 화풀이하다'라는 뜻으로 사용할 수 있어요. 참고로 on 뒤에는 화풀이하는 대상이 오게 됩니다.

🎙️ Let's Speak! 주어진 표현을 반복해서 말해 보세요!

take something out on
(누군가에게) 화풀이하다

Don't take it out on me.
나에게 화풀이하지 마.

✏️ Let's Write! 다음 우리말을 보고 작문해 보세요!

> 나에게 화풀이하지 마.

①

②

③

만화로 배우는 영어 구동사

CHAPTER 08

구동사 TURN이 가진 성질

Turn은 기본적으로 '돌다, 돌리다'라는 뜻이 있으며 방향을 돌리거나 도는 과정을 통해 변화를 주는 장면을 연상할 수 있습니다.

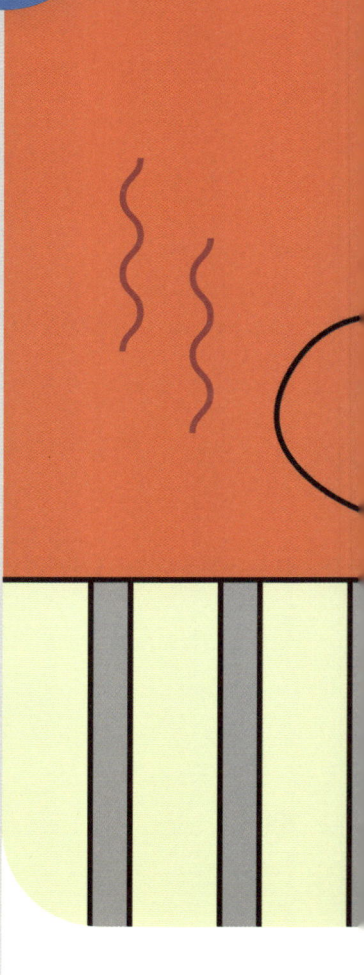

063 TURN 구동사

CHAPTER 08 만화로 배우는 영어 구동사

Can you turn on the light?
불 좀 켜 줄래?

📖 Let's Read! 구동사의 원리를 파악해 보세요!

Turn은 '돌리다', on은 'on air(생방송이 시작되다)', 'on sale(할인 판매하다)'처럼 '어떤 일이 시작되다'라는 뜻을 가지고 있어요. 따라서 turn과 on이 만나면 '전기의 흐름이 시작될 수 있게 스위치를 돌리는', 즉 '(전원을) 켜다'의 뜻이 된답니다.

🎤 Let's Speak! 주어진 표현을 반복해서 말해 보세요!

turn on
(전원을) 켜다

Can you turn on the light?
불 좀 켜 줄래?

✏️ Let's Write! 다음 우리말을 보고 작문해 보세요!

> 불 좀 켜 줄래?

1. _____

2. _____

3. _____

CHAPTER 08 만화로 배우는 영어 구동사

064 TURN 구동사

turn off
(전원을) 끄다

Don't forget to turn off the oven.
오븐 끄는 것 잊지 마.

📖 Let's Read! 구동사의 원리를 파악해 보세요!

Turn on과 반대되는 장면을 상상해 보세요. Off는 '떨어지는, 멀어지는'의 뜻을 가지고 있어서 turn off는 '전기의 흐름이 멀어지게 스위치를 돌리는', 즉 '(전원을) 끄다'의 뜻이 된답니다.

🎙 Let's Speak! 주어진 표현을 반복해서 말해 보세요!

turn off
(전원을) 끄다

Don't forget to turn off the oven.
오븐 끄는 것 잊지 마.

✏ Let's Write! 다음 우리말을 보고 작문해 보세요!

> 오븐 끄는 것 잊지마.

1. _____

2. _____

3. _____

065 TURN 구동사

turn down
거절하다

He turned down the job offer because of the low salary.

그는 낮은 급여 때문에 일자리 제의를 거절했어요.

📖 Let's Read! 구동사의 원리를 파악해 보세요!

Turn on(켜다), turn off(끄다)와 비슷한 맥락에서 생각해 보면 turn down은 '(소리, 온도 등을) 낮추다'라고 유추해 볼 수 있습니다. 그렇다면 어떤 것을 '줄이고 낮추는' 장면을 제안이나 기회를 돌려서 줄이고 낮추는 이미지로 확장해 보면 어떨까요? '거절하다'라는 의미가 자연스럽게 떠오르지 않나요?

🎙️ Let's Speak! 주어진 표현을 반복해서 말해 보세요!

Check repeat!

turn down
거절하다

Check repeat!

He turned down the job offer because of the low salary.
그는 낮은 급여 때문에 일자리 제의를 거절했어요.

✏️ Let's Write! 다음 우리말을 보고 작문해 보세요!

그는 낮은 급여 때문에 일자리 제의를 거절했어요.

① _____

② _____

③ _____

066 TURN 구동사

turn out
(일, 결과 등이) 결국 ~이 되다, ~으로 드러나다

The party turned out to be a great success.

그 파티는 결국 완전 성공적이었다.

📖 Let's Read! 구동사의 원리를 파악해 보세요!

Turn은 '돌다', out은 '밖으로 나오면서 보이는'의 뉘앙스를 가지고 있어요. 이 turn과 out이 만나면 '(어떤 것을) 돌려서 보여 주는'과 같은 의미로 확장되는데, 정리하자면 '(일, 결과 등이) 결국 ~이 되다, ~으로 드러나다'의 뜻이 돼요. 예상하지 못한 상황이었지만 좋은 결과가 나타났을 때 활용할 수 있답니다.

🎙️ Let's Speak! 주어진 표현을 반복해서 말해 보세요!

turn out
(일, 결과 등이) 결국 ~이 되다, ~으로 드러나다

The party turned out to be a great success.
그 파티는 결국 완전 성공적이었다.

✏️ Let's Write! 다음 우리말을 보고 작문해 보세요!

> 그 파티는 완전 성공적이었다.

① _____

② _____

③ _____

067 TURN 구동사

turn around
(몸, 물체 등의) 방향을 바꾸다

Maria turned around to see who was calling her name.

마리아는 누가 자기 이름을 부르는지 보려고 뒤를 돌아봤다.

📖 Let's Read! 구동사의 원리를 파악해 보세요!

Turn은 '돌다, 방향을 바꾸다', around는 '주위를, 반대로'처럼 방향성을 나타냅니다. 이 두 단어가 결합하면 '몸이나 사물이 180도 또는 360도 돌다', 또는 '방향을 바꾸다'라는 의미가 되며, 방향 전환뿐만 아니라 '호전되다, 반전시키다' 등 상황 반전을 표현할 때에도 사용됩니다.

🎙️ Let's Speak! 주어진 표현을 반복해서 말해 보세요!

Check repeat! ☐☐☐☐☐

turn around
(몸, 물체 등의) 방향을 바꾸다

Check repeat! ☐☐☐☐☐

Maria turned around to see who was calling her name.
마리아는 누가 자기 이름을 부르는지 보려고 뒤를 돌아봤다.

✏️ Let's Write! 다음 우리말을 보고 작문해 보세요!

> 마리아는 누가 자기 이름을 부르는지 보려고 뒤를 돌아봤다.

① _____

② _____

③ _____

만화로 배우는 영어 구동사

CHAPTER 09

구동사 PUT이 가진 성질

Put은 기본적으로 '놓다, 두다'의 뜻을 가진 동사예요. 특정한 곳에 사물이나 사람 등을 놓거나 들어가게 하는 뉘앙스를 가진 동사입니다.
꼭 사물이 아니더라도 '스케줄, 약속 등을 놓다(잡다)'라는 의미도 있습니다.

Learning English Phrasal Verbs Through Comics

CHAPTER 09
전체 듣기

068 PUT 구동사

CHAPTER 09 만화로 배우는 영어 구동사

put on
입다, 착용하다

I **put on** my coat and went out.
나는 코트를 입고 외출했어요.

📖 Let's Read! 구동사의 원리를 파악해 보세요!

Put은 '놓다', on은 '표면에 붙어 있는'의 뉘앙스를 지니고 있어요. '옷을 몸에 놓는(붙이는)' 이미지를 그려 보면 '입다, 착용하다'의 뜻이 됩니다. 이외에도 put on은 화장품을 바르거나, 체중이 늘어날 때에도 사용할 수 있는 구동사예요.

🎤 Let's Speak! 주어진 표현을 반복해서 말해 보세요!

put on
입다, 착용하다

I put on my coat and went out.
나는 코트를 입고 외출했어요.

✏️ Let's Write! 다음 우리말을 보고 작문해 보세요!

> 나는 코트를 입고 외출했어요.

1 _____

2 _____

3 _____

CHAPTER 09 만화로 배우는 영어 구동사

069 PUT 구동사

put off
연기하다, 미루다

The meeting has been put off until next week.

그 회의는 다음 주로 연기되었어요.

Let's Read! 구동사의 원리를 파악해 보세요!

Put은 '놓다', off는 '멀리, 떨어지는'이라는 뜻을 가지고 있어요. 어떤 시간이나 스케줄을 가까이가 아닌 '멀리 놓는' 이미지를 그려 보면 '미루다, 연기하다'라는 의미를 유추해 낼 수 있을 거예요. 회의나 약속, 해야 할 일을 미룰 때 자주 사용된답니다.

Let's Speak! 주어진 표현을 반복해서 말해 보세요!

put off
연기하다, 미루다

The meeting has been put off until next week.
그 회의는 다음 주로 연기되었어요.

Let's Write! 다음 우리말을 보고 작문해 보세요!

> 그 회의는 다음 주로 연기되었어요.

1. ___
2. ___
3. ___

CHAPTER 09 만화로 배우는 영어 구동사
070 PUT 구동사

put up with
(묵묵히) 참고 견디다

I **put up with** noisy neighbors for years.

저는 몇 년간 시끄러운 이웃들을 참았어요.

📖 Let's Read! 구동사의 원리를 파악해 보세요!

Put up with의 각각의 의미를 알아보면, put은 '두다, 놓다', up은 '최대로, 끝까지', with는 '~와 함께, ~을 가지고'가 됩니다. Put이 up, with와 결합해 '어떤 것을 가지고 끝까지 두는' 이미지를 상상해 보면 '참고 견디다'라는 뜻이 된답니다. 괴롭고 힘든 상황을 끝까지 참고 견딜 때 사용해 보세요.

🎤 Let's Speak! 주어진 표현을 반복해서 말해 보세요!

Check repeat!

put up with
(묵묵히) 참고 견디다

Check repeat!

I put up with noisy neighbors for years.
저는 몇 년간 시끄러운 이웃들을 참았어요.

✏️ Let's Write! 다음 우리말을 보고 작문해 보세요!

> 저는 몇 년간 시끄러운 이웃들을 참았어요.

❶ _____

❷ _____

❸ _____

071 PUT 구동사

put away
치우다, 정리하다

Please put away the dishes
after you finish eating.

식사 후에 접시를 치워 주세요.

📖 Let's Read! 구동사의 원리를 파악해 보세요!

Put의 '놓다'와 '기준점에서 멀어지는' 뉘앙스의 away가 만나면 '현재 어떤 물건이 있는 자리에서 멀어지는' 이미지, 즉 '치우다, 정리하다'가 됩니다. 동시에 원래 있던 자리에 다시 가져다 두는 것을 표현할 때도 put away를 사용한답니다. 이제 '청소하다, 정리하다'를 표현할 때 clean뿐만 아니라 put away의 원리를 떠올리며 활용해 보세요.

🎙️ Let's Speak! 주어진 표현을 반복해서 말해 보세요!

Check repeat!

put away
치우다, 정리하다

Check repeat!

Please put away the dishes after you finish eating.
식사 후에 접시를 치워 주세요.

✏️ Let's Write! 다음 우리말을 보고 작문해 보세요!

> 식사 후에 접시를 치워 주세요.

① _____

② _____

③ _____

072 PUT 구동사

put down
적어 놓다, 입력하다

I put down my thoughts in a notebook.
나는 내 생각을 노트에 적어 놓았어.

📖 Let's Read! 구동사의 원리를 파악해 보세요!

'놓다'의 put과 '아래로'의 의미를 가진 전치사 down을 접목시켜 보면 말 그대로 '내려 놓다'가 됩니다. 더 확장하여 put down을 '아래에 있는 노트에 글자를 놓는다'고 생각해 보면 '적어 놓다, 입력하다'라는 뉘앙스의 구동사가 된답니다.

🎙️ Let's Speak! 주어진 표현을 반복해서 말해 보세요!

put down
적어 놓다, 입력하다

I put down my thoughts in a notebook.
나는 내 생각을 노트에 적어 놓았어.

✏️ Let's Write! 다음 우리말을 보고 작문해 보세요!

> 나는 내 생각을 노트에 적어 놓았어.

① _____

② _____

③ _____

073 PUT 구동사

put out
(불 등을) 끄다

He put out the fire.

그는 불을 껐어요.

📖 Let's Read! 구동사의 원리를 파악해 보세요!

Put은 '놓다', out은 '어떤 것이 밖으로 나가는' 이미지의 전치사입니다. Put과 out이 결합하면 '땔감이나 연료 등을 밖으로 꺼내다', 즉 '불을 끄다'라는 의미가 됩니다. 이 불은 촛불, 담뱃불, 전깃불 등에도 다양하게 쓰이며, put out은 '불을 끄다' 외에도 '(쓰레기 등을) 밖에 내놓다, (신제품 등을) 출시하다'처럼 다양하게 사용할 수 있습니다.

🎙️ Let's Speak! 주어진 표현을 반복해서 말해 보세요!

Check repeat!

put out
(불 등을) 끄다

Check repeat!

He put out the fire.
그는 불을 껐어요.

✏️ Let's Write! 다음 우리말을 보고 작문해 보세요!

> 그는 불을 껐어요.

① _____

② _____

③ _____

만화로 배우는 영어 구동사

CHAPTER 10

구동사 RUN이 가진 성질

Run은 주체적으로 빠르게 움직이거나
무언가를 움직이게 하는 의미를 가지고 있어요.
기본적으로 run의 뜻은 '달리다'이지만
어떤 것이 지속적으로
움직이는(활성화되는) 장면을 떠올리며 의미를 확장해 보면
'작동하다, 운영하다, 개최하다, 진행되다, (액체가) 흐르다'
등 다양한 뜻으로도 사용할 수 있어요.

CHAPTER 10   만화로 배우는 영어 구동사

074   RUN 구동사

run away
도망가다

The thief ran away before the police arrived.

경찰이 도착하기 전에 도둑이 도망갔어요.

📖 Let's Read! 구동사의 원리를 파악해 보세요!

Run은 '달리다', away는 '멀어지는'의 뉘앙스를 가진 전치사이죠. 의미 그대로 run away는 '달려서 멀어지는', 즉 '도망가다, 탈출하다, 가출하다' 등의 다양한 의미를 가지고 있어요.

🎙️ Let's Speak! 주어진 표현을 반복해서 말해 보세요!

run away
도망가다

The thief ran away before the police arrived.
경찰이 도착하기 전에 도둑이 도망갔어요.

✏️ Let's Write! 다음 우리말을 보고 작문해 보세요!

> 경찰이 도착하기 전에 도둑이 도망갔어요.

1 _____

2 _____

3 _____

CHAPTER 10 RUN 구동사 **179**

075 RUN 구동사

run out
다 써 버리다, 다 떨어지다

She ran out of oil and couldn't cook.
그녀는 기름이 다 떨어져서 요리를 못 했어요.

📖 Let's Read! 구동사의 원리를 파악해 보세요!

'달리다'의 run과 '밖으로'의 out이 만나면, '어떤 것이 밖으로 계속 달려 나가는' 이미지가 떠오를 거예요. 다시 말해 run out은 '다 써 버리다, 다 떨어지다'의 뜻이 된답니다. 바로 일상생활에 활용해 보세요.

🎤 Let's Speak! 주어진 표현을 반복해서 말해 보세요!

Check repeat!

run out
다 써 버리다, 다 떨어지다

Check repeat!

She ran out of oil and couldn't cook.
그녀는 기름이 다 떨어져서 요리를 못 했어요.

✏️ Let's Write! 다음 우리말을 보고 작문해 보세요!

> 그녀는 기름이 다 떨어져서 요리를 못 했어요.

① _____

② _____

③ _____

076 RUN 구동사

run into
우연히 만나다, 부딪치다

I ran into my friend at the grocery store.
저는 슈퍼마켓에서 친구를 우연히 만났어요.

📖 Let's Read!   구동사의 원리를 파악해 보세요!

'달리다'의 run, '특정 범위 안으로'라는 의미인 into가 결합된 것으로 '두 대상이 달리다가 특정 범위 안에서 만나는' 이미지를 떠올릴 수 있을 거예요. 이렇듯 run into는 '우연히 만나다, 부딪치다'의 뜻이 된답니다.

🎙️ Let's Speak!   주어진 표현을 반복해서 말해 보세요!

Check repeat!

run into
우연히 만나다, 부딪치다

Check repeat!

I ran into my friend at the grocery store.
저는 슈퍼마켓에서 친구를 우연히 만났어요.

✏️ Let's Write!   다음 우리말을 보고 작문해 보세요!

> 저는 슈퍼마켓에서 친구를 우연히 만났어요.

① _____

② _____

③ _____

만화로 배우는 영어 구동사

CHAPTER 11

구동사 COME이 가진 성질

Come은 기본적으로 '오다'의 뜻이 있지만
대화하는 상대와 가까워지거나 같은 방향으로 이동할 때
사용합니다.
예를 들어 약속 장소에 먼저 도착한 친구가
"너 어디야?"라고 물었을 때
"I'm coming(나 가는 중이야)"이라고 해야
맞는 표현이 됩니다.
친구와 만나기로 한 장소와 가까워지고 있기 때문에
come을 쓰는 거예요.
'가는 중이야'를 '가다'로 생각하고
go를 사용하는 잘못된 경우가 많은데
영어에서 화자와 청자의 대화는 '위치 중심'이기 때문에
서로 그 위치와 가까워진다는 뜻으로 come을 사용합니다.
기본적으로 come은 이동을 나타내지만
시간의 흐름이나 변화도 나타낼 수 있어요.

077 COME 구동사

CHAPTER 11 만화로 배우는 영어 구동사

come up
떠오르다, 생기다

The idea came up during our conversation.

우리의 대화 중에 아이디어가 떠올랐다.

📖 Let's Read! 구동사의 원리를 파악해 보세요!

Come up은 '어떤 것이 떠오르는' 이미지의 up과 '다가오는'의 come이 결합된 것으로, '(아이디어 등이) 떠오르다, (땅을 뚫고) 나오다'의 뜻을 유추해 볼 수 있습니다. 이외에도 '생기다, 발생하다'라는 의미도 지니고 있답니다.

🎙 Let's Speak! 주어진 표현을 반복해서 말해 보세요!

come up
떠오르다, 생기다

The idea came up during our conversation.
우리의 대화 중에 아이디어가 떠올랐다.

✏ Let's Write! 다음 우리말을 보고 작문해 보세요!

> 우리의 대화 중에 아이디어가 떠올랐다.

① _____

② _____

③ _____

CHAPTER 11 · 만화로 배우는 영어 구동사

078 COME 구동사

come out
출시하다, 나오다

When does the new iPhone come out?

새 아이폰은 언제 출시하나요?

📖 Let's Read! 구동사의 원리를 파악해 보세요!

Come은 '다가오다', out은 '밖으로'의 뜻이 있습니다. Come과 out이 만났을 때 '어떤 것이 밖으로 나와서 다가오는' 이미지를 떠올려 보면, '(해나 달 등이) 나오다' 혹은 '(신제품 등이) 출시하다' 등의 뜻을 유추해 볼 수 있을 거예요.

🎙️ Let's Speak! 주어진 표현을 반복해서 말해 보세요!

come out
출시하다, 나오다

When does the new iPhone come out?
새 아이폰은 언제 출시하나요?

✏️ Let's Write! 다음 우리말을 보고 작문해 보세요!

> 새 아이폰은 언제 출시하나요?

❶ _____

❷ _____

❸ _____

CHAPTER 11

만화로 배우는 영어 구동사

079 COME 구동사

come across
우연히 만나다, 발견하다

I **came across** my friend on my way to work this morning.

오늘 아침 출근길에 친구를 우연히 만났어.

📖 Let's Read! 구동사의 원리를 파악해 보세요!

Come은 '다가오다', across는 '가로질러'라는 의미를 가지고 있어요. 이렇게 come across는 '상대가 있는 곳에 가로질러 다가오거나 나타나는', 즉 '우연히 만나다(발견하다)'라는 뜻이 됩니다.

run into와 **come across**의 차이점	Run into는 다른 일을 하던 중 갑자기 마주치는 상황을 강조합니다. 즉, 예상하지 못한 만남과 우연하게 발생하는 상황에서의 갑작스러운 뉘앙스를 가지고 있습니다. 반면에 come across는 조금 더 느긋하고 예상 가능한 만남이라는 뉘앙스가 있습니다. 또한 만남뿐만 아니라 어떤 상황이나 감정 등이 감지될 때도 사용됩니다.

🎤 Let's Speak! 주어진 표현을 반복해서 말해 보세요!

come across

우연히 만나다, 발견하다

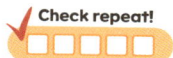

I came across my friend on my way to work this morning.

오늘 아침 출근길에 친구를 우연히 만났어.

✏️ Let's Write! 다음 우리말을 보고 작문해 보세요!

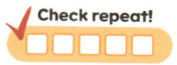

오늘 아침 출근길에 친구를 우연히 만났어.

1 _____

2 _____

3 _____

080 COME 구동사

come over
(누구의 집에) 들르다

Can I come over later?

나중에 집에 들러도 돼?

📖 Let's Read! 구동사의 원리를 파악해 보세요!

Come은 '오다, 다가오다', over은 어떤 거리를 넘어서 이동하는 느낌을 줍니다. 이 두 단어가 결합하면 '어떤 장소를 넘어 이쪽으로 오다', 다시 말해 '들르다'의 의미가 됩니다. Come over는 친구, 가족 등을 가볍게 초대할 때 활용할 수 있는 표현으로 원어민들이 일상생활에서 자주 사용한답니다.

🎙️ Let's Speak! 주어진 표현을 반복해서 말해 보세요!

✓ Check repeat!
☐☐☐☐☐ **come over**
(누구의 집에) 들르다

✓ Check repeat!
☐☐☐☐☐ **Can I come over later?**
나중에 집에 들러도 돼?

✏️ Let's Write! 다음 우리말을 보고 작문해 보세요!

나중에 집에 들러도 돼?

① _____

② _____

③ _____

만화로 배우는 영어 구동사

CHAPTER 12

구동사 SHOW가 가진 성질

Show는 기본적으로 증명하고 제시하는 뉘앙스의 '보여 주다, 보이다'를 의미합니다. 사람이나 물체뿐만 아니라 감정, 정보 등에도 사용할 수 있답니다.

081 SHOW 구동사

show up
(약속된 곳에) 나타나다, 눈에 띄다

I **showed up** late for the meeting.
저는 미팅에 늦게 나타났어요.

📖 Let's Read! 구동사의 원리를 파악해 보세요!

Show는 '보여 주다'라는 의미를, up은 'eat up(다 먹다)', 'drink up(다 마시다)'처럼 '완전히, 전부 다'라는 뉘앙스를 가지고 있어요. 그래서 show up은 '안 보이던 것이 완전히 보이는', 바꿔 말해 '나타나다'의 뜻이 된답니다. 약속된 곳에 나타나거나 참석할 때 유용하게 활용할 수 있어요.

🎤 Let's Speak! 주어진 표현을 반복해서 말해 보세요!

Check repeat!

show up
(약속된 곳에) 나타나다, 눈에 띄다

Check repeat!

I showed up late for the meeting.
저는 미팅에 늦게 나타났어요.

✏️ Let's Write! 다음 우리말을 보고 작문해 보세요!

> 저는 미팅에 늦게 나타났어요.

1. _____
2. _____
3. _____

CHAPTER 12 SHOW 구동사 **197**

082 SHOW 구동사

show off
자랑하다, 과시하다

She always shows off her new clothes.
그녀는 항상 새 옷을 자랑해요.

📖 Let's Read! 구동사의 원리를 파악해 보세요!

Show는 '보여 주다', off는 '어떤 것으로부터 떨어지는'과 같은 느낌의 전치사입니다. Show off는 어떤 것을 사람들에게 단순히 보여 주는(show) 것이 아니라, 보여 주고 싶은 것을 나로부터 떨어지게(off) 해서 사람들에게 보여주는(들이대는) 뉘앙스를 갖고 있어요. 즉 '자랑하다, 과시하다'의 의미로 사용할 수 있답니다.

🎤 Let's Speak! 주어진 표현을 반복해서 말해 보세요!

show off
자랑하다, 과시하다

She always shows off her new clothes.
그녀는 항상 새 옷을 자랑해요.

✏️ Let's Write! 다음 우리말을 보고 작문해 보세요!

> 그녀는 항상 새 옷을 자랑해요.

① _____

② _____

③ _____

CHAPTER 12　만화로 배우는 영어 구동사

083　SHOW 구동사

show around
구경시켜 주다, 소개하다

He **showed** us **around** the city.

그는 우리에게 그 도시를 구경시켜 주었어요.

📖 Let's Read! 구동사의 원리를 파악해 보세요!

'보여 주다'의 show와 '주변의'라는 의미의 around가 결합하면, '주변을 보여주는' 장면을 떠올릴 수 있을 거예요. 즉 '구경시켜 주다, 소개하다'라는 의미가 된답니다.

🎙️ Let's Speak! 주어진 표현을 반복해서 말해 보세요!

show around
구경시켜 주다, 소개하다

He showed us around the city.
그는 우리에게 그 도시를 구경시켜 주었어요.

✏️ Let's Write! 다음 우리말을 보고 작문해 보세요!

> 그는 우리에게 그 도시를 구경시켜 주었어요.

❶ _____

❷ _____

❸ _____

만화로 배우는 영어 구동사

CHAPTER 13

구동사 BREAK이 가진 성질

Break는 무언가를 부수거나
무언가에 의해 부숴지는 장면을 떠올릴 수 있습니다.
어떤 물체를 깨뜨리는 뉘앙스뿐만 아니라
'고장 나다, 고장 내다, 부서지다'의 의미를
내포하고 있으며
어떤 사람과의 관계가 깨질 때에도 사용할 수 있답니다.

Learning English Phrasal Verbs Through Comics

CHAPTER 13
전체 듣기

CHAPTER 13 만화로 배우는 영어 구동사

084 BREAK 구동사

break down
(기계, 장비 등이) 고장 나다, 붕괴되다

My car broke down on the way to work.
제 차가 출근하는 길에 고장 났어요.

📖 Let's Read! 구동사의 원리를 파악해 보세요!

Break는 '부서지다', down은 '아래로 떨어지거나 저하되는'의 뉘앙스를 가지고 있어요. 즉 어떤 부품이 부서져서(break) 원래의 기준에서 성능이 떨어진다(down)는 의미로 '고장 나다'의 뜻이 된답니다. 참고로 슬픈 일이나 스트레스 등으로 감정이 무너졌을 때 활용하기도 해요.

🎙️ Let's Speak! 주어진 표현을 반복해서 말해 보세요!

 **break down**
(기계, 장비 등이) 고장 나다, 붕괴되다

 **My car broke down on the way to work.**
제 차가 출근하는 길에 고장 났어요.

✏️ Let's Write! 다음 우리말을 보고 작문해 보세요!

> 제 차가 출근하는 길에 고장 났어요.

① _____

② _____

③ _____

CHAPTER 13

085 BREAK 구동사

break up
헤어지다, 이별하다

They broke up after dating for two years.

그들은 2년간 교제한 후 헤어졌어요.

📖 Let's Read! 구동사의 원리를 파악해 보세요!

Break는 물건뿐만 아니라 사람의 건강, 관계에서도 사용되는데요. 여기서 break는 '깨지다', up은 우리가 흔히 알고 있는 '위쪽으로'라는 뜻도 있지만, 'Time's up(시간 다 되었어)'처럼 '끝나고 마무리되는'의 뉘앙스도 가지고 있어요. 다시 말해 break up은 두 사람과의 관계가 '깨져서(break) 끝나다(up)'라는 의미로 확장되는데, 정리하자면 '헤어지다, 이별하다'의 의미가 된답니다.

🎙️ Let's Speak! 주어진 표현을 반복해서 말해 보세요!

break up
헤어지다, 이별하다

They broke up after dating for two years.
그들은 2년간 교제한 후 헤어졌어요.

✏️ Let's Write! 다음 우리말을 보고 작문해 보세요!

> 그들은 2년간 교제한 후 헤어졌어요.

❶ _____

❷ _____

❸ _____

086 BREAK 구동사

break into
침입하다, 강제로 들어가다

Someone broke into my house and stole my TV.

누군가 제 집에 침입해서 TV를 훔쳐 갔어요.

📖 Let's Read! 구동사의 원리를 파악해 보세요!

Break는 '부수다', into는 '~안으로'라는 뜻을 가지고 있어요. 따라서 break과 into가 만나면 '어떤 것을 부수고 안으로 가는'의 뉘앙스로 확장되는데, 이것을 원어민들은 '침입하다, 강제로 들어가다'의 뜻으로 사용한답니다.

🎤 Let's Speak! 주어진 표현을 반복해서 말해 보세요!

break into

침입하다, 강제로 들어가다

Someone broke into my house and stole my TV.

누군가 제 집에 침입해서 TV를 훔쳐 갔어요.

✏️ Let's Write! 다음 우리말을 보고 작문해 보세요!

> 누군가 제 집에 침입해서 TV를 훔쳐 갔어요.

① _____

② _____

③ _____

CHAPTER 13　만화로 배우는 영어 구동사

087　BREAK 구동사

break out
피부가 뒤집어지다

My face is starting to break out.
제 얼굴 피부가 뒤집어지기 시작했어요.

📖 Let's Read! 구동사의 원리를 파악해 보세요!

우리가 일상생활을 하면서 피부가 갑자기 뒤집어질 때가 있는데요. Break는 '무언가가 갑자기 깨지거나 터지는 동작'을 의미하고, out은 '그 동작이 바깥으로 퍼지는 느낌'을 줍니다. 이 두 단어가 결합하면 '무언가가 피부 밖으로 튀어나오듯 발생하는 것', 즉 '여드름, 발진, 두드러기 등이 갑자기 나다/생기다', '피부가 뒤집어지다'의 뜻을 가지게 된답니다.

🎙️ Let's Speak! 주어진 표현을 반복해서 말해 보세요!

break out
피부가 뒤집어지다

My face is starting to break out.
제 얼굴 피부가 뒤집어지기 시작했어요.

✏️ Let's Write! 다음 우리말을 보고 작문해 보세요!

> 제 얼굴 피부가 뒤집어지기 시작했어요.

① _____

② _____

③ _____

088 BREAK 구동사

break through
극복하다, 파괴하다

I finally broke through my shyness.
저는 결국 내성적인 성격을 극복했어요.

📖 Let's Read! 구동사의 원리를 파악해 보세요!

Break는 '부수다', through는 '~을 통과하여'라는 뜻을 가지고 있어요. Break through는 말 그대로 '어떤 것을 부수면서(이기면서) 통과하는' 장면이 떠오를 거예요. 다시 말해 '극복하다, 파괴하다'의 뜻이 된답니다.

🎙️ Let's Speak! 주어진 표현을 반복해서 말해 보세요!

Check repeat!

break through

극복하다, 파괴하다

Check repeat!

I finally broke through my shyness.

저는 결국 내성적인 성격을 극복했어요.

✏️ Let's Write! 다음 우리말을 보고 작문해 보세요!

> 저는 결국 내성적인 성격을 극복했어요.

❶ _____

❷ _____

❸ _____

만화로 배우는 영어 구동사

CHAPTER 14

그 외 중요한
구동사

- ○○ up
- ○○ on
- ○○ in
- ○○ out

Learning English Phrasal Verbs Through Comics

CHAPTER 14
전체 듣기

089 그 외 중요한 구동사

CHAPTER 14 · 만화로 배우는 영어 구동사

pick up
줍다, 치우다, 정리하다

Please pick up the toys before you leave the room.

방을 떠나기 전에 장난감을 치워 주세요.

📖 Let's Read! 구동사의 원리를 파악해 보세요!

Pick은 '줍다', up은 '위로'의 뜻이 있죠. Pick과 up이 만나면 '어떤 것을 주워서 들어 올리는'의 뉘앙스가 되는데, 원어민들은 실생활에서 '줍다, 치우다, 정리하다'라는 확장된 의미로 사용한답니다. 이외에도 '사람을 태우다, 데리러 가다', '배우다, 습득하다', '구매하다, 사다' 등의 다양한 뜻도 포함하고 있어요.

🎙️ Let's Speak! 주어진 표현을 반복해서 말해 보세요!

pick up
줍다, 치우다, 정리하다

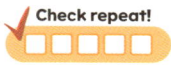

Please pick up the toys before you leave the room.
방을 떠나기 전에 장난감을 치워 주세요.

✏️ Let's Write! 다음 우리말을 보고 작문해 보세요!

> 방을 떠나기 전에 장난감을 치워 주세요.

❶ _____

❷ _____

❸ _____

090 그 외 중요한 구동사

CHAPTER 14 만화로 배우는 영어 구동사

catch up
따라잡다, (밀린) 소식을 나누다

He studied hard to catch up.
그는 따라잡기 위해 열심히 공부했어요.

📖 Let's Read! 구동사의 원리를 파악해 보세요!

Catch는 기본적으로 '잡다'라는 의미를 가지고 있습니다. Up은 앞서 배운 'eat up(다 먹다)', 'drink up(다 마시다)'처럼 '완전히, 전부 다'의 뉘앙스를 가지고 있어요. 따라서 catch up은 '어떤 사람의 능력이나 수준 혹은 밀린 소식 등을 완전히 잡으려는', 즉 '(거리, 능력, 수준 등을) 따라잡다, (밀린) 소식이나 근황을 나누다'라는 뜻이 된답니다.

🎙️ Let's Speak! 주어진 표현을 반복해서 말해 보세요!

catch up
따라잡다, (밀린) 소식을 나누다

He studied hard to catch up.
그는 따라잡기 위해 열심히 공부했어요.

✏️ Let's Write! 다음 우리말을 보고 작문해 보세요!

> 그는 따라잡기 위해 열심히 공부했어요.

❶ _____

❷ _____

❸ _____

091 그 외 중요한 구동사

dress up
차려입다

Let's dress up and go somewhere nice.

차려입고 멋진 곳에 가자.

📖 Let's Read! 구동사의 원리를 파악해 보세요!

Dress는 '옷을 입다', '차려입다', up은 '완전히', '더 크게, 더 많이'의 뉘앙스를 가지고 있어요. 이 두 단어가 결합하면 '더 세련되거나 격식 있게 차려입다', 또는 '특별한 의상을 입고 변장하다'라는 의미가 된답니다.

🎙️ Let's Speak! 주어진 표현을 반복해서 말해 보세요!

dress up
차려입다

Let's dress up and go somewhere nice.
차려입고 멋진 곳에 가자.

✏️ Let's Write! 다음 우리말을 보고 작문해 보세요!

> 차려입고 멋진 곳에 가자.

① _____

② _____

③ _____

092 그 외 중요한 구동사

bundle up
껴입다

Make sure you bundle up before you go outside.

외출하기 전에 무조건 껴입어야 해.

📖 Let's Read! 구동사의 원리를 파악해 보세요!

Bundle은 '묶다', '꾸러미로 만들다', up은 '위로'뿐만 아니라 '완전히'와 같이 강조의 뜻을 지니고 있어요. 이 두 단어가 결합하면 '몸을 옷으로 감싸듯이 꽁꽁 싸매다'라는 의미가 됩니다. 추운 날씨에 옷을 여러 겹 입거나 따뜻하게 껴입는 상황에서 사용해 보세요.

🎙️ Let's Speak! 주어진 표현을 반복해서 말해 보세요!

Check repeat!

bundle up
껴입다

Check repeat!

Make sure you bundle up before you go outside.
외출하기 전에 무조건 껴입어야 해.

✏️ Let's Write! 다음 우리말을 보고 작문해 보세요!

> 외출하기 전에 무조건 껴입어야 해.

① _____

② _____

③ _____

CHAPTER 14   만화로 배우는 영어 구동사

093 그 외 중요한 구동사

fill up
가득 채우다

I filled up the car with gas.

나는 차에 기름을 가득 채웠다.

📖 Let's Read! 구동사의 원리를 파악해 보세요!

Fill은 '채우다', up은 'eat up(다 먹다)', 'drink up(다 마시다)'처럼 '완전히, 전부 다'의 뉘앙스를 가지고 있어요. 따라서 fill up은 '전부 다 채우는', 즉 '가득 채우다'의 뜻이 된답니다.

🎙️ Let's Speak! 주어진 표현을 반복해서 말해 보세요!

fill up

가득 채우다

I filled up the car with gas.

나는 차에 기름을 가득 채웠다.

✏️ Let's Write! 다음 우리말을 보고 작문해 보세요!

> 나는 차에 기름을 가득 채웠다.

❶ _____

❷ _____

❸ _____

CHAPTER 14 · 만화로 배우는 영어 구동사

094 그 외 중요한 구동사

charge up
충전하다

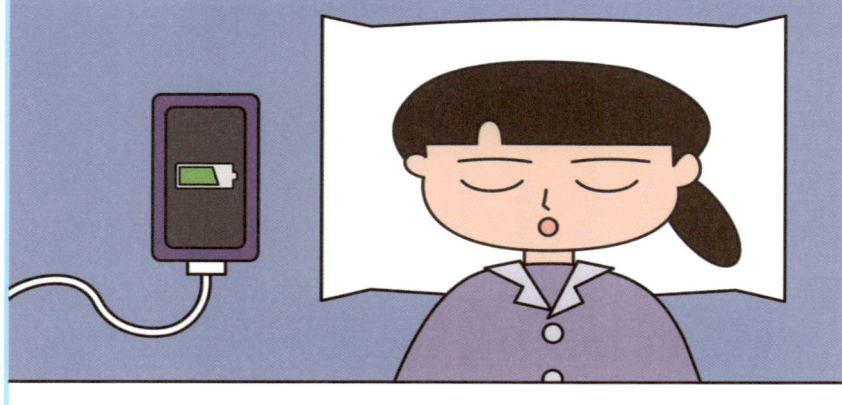

I always charge up my phone when I'm sleeping.

저는 잠잘 때 항상 휴대폰을 충전해요.

📖 Let's Read! 구동사의 원리를 파악해 보세요!

Charge는 원래 '채우다', '전기를 공급하다'라는 뜻을, up은 '동작을 완전히 수행하는' 의 뉘앙스를 가지고 있어요. 이 두 단어가 결합하면 '배터리나 에너지를 충전하다'라는 의미로 확장된답니다.

🎙️ Let's Speak! 주어진 표현을 반복해서 말해 보세요!

charge up
충전하다

I always charge up my phone when I'm sleeping.
저는 잠잘 때 항상 휴대폰을 충전해요.

✏️ Let's Write! 다음 우리말을 보고 작문해 보세요!

저는 잠잘 때 항상 휴대폰을 충전해요.

1. _____
2. _____
3. _____

CHAPTER 14 · 만화로 배우는 영어 구동사

095 그 외 중요한 구동사

hold on
기다리다

I **held on** for a moment after answering the phone.

나는 전화를 받고 나서 잠시 기다렸다.

📖 Let's Read! 구동사의 원리를 파악해 보세요!

Hold는 '잡다, 유지하다', on은 '위에'라는 뜻을 가지고 있어요. Hold on은 '어느 상황 위에서 계속 유지하고 있는', 정리하자면 '기다리다'의 의미가 된답니다.

🎙️ Let's Speak! 주어진 표현을 반복해서 말해 보세요!

hold on
기다리다

I held on for a moment after answering the phone.
나는 전화를 받고 나서 잠시 기다렸다.

✏️ Let's Write! 다음 우리말을 보고 작문해 보세요!

나는 전화를 받고 나서 잠시 기다렸다.

① _____

② _____

③ _____

CHAPTER 14   만화로 배우는 영어 구동사

096   그 외 중요한 구동사

believe in
~의 존재를 믿다

Children believe in Santa Claus.
아이들은 산타가 있다고 믿어요.

📖 Let's Read! 구동사의 원리를 파악해 보세요!

Believe는 어떤 것이 사실이라고 생각하는 마음의 상태를 나타내고, in은 어떤 것에 깊이 빠져 있는 느낌을 줍니다. 둘이 합쳐져 '단순히 믿는 것이 아니라, 깊이 신뢰하고 확신하는 상태', 즉 '~의 존재를 믿다'의 의미를 갖게 된답니다.

🎙️ Let's Speak! 주어진 표현을 반복해서 말해 보세요!

believe in
~의 존재를 믿다

Children believe in Santa Claus.
아이들은 산타가 있다고 믿어요.

✏️ Let's Write! 다음 우리말을 보고 작문해 보세요!

> 아이들은 산타가 있다고 믿어요.

① _____

② _____

③ _____

CHAPTER 14 만화로 배우는 영어 구동사

097 그 외 중요한 구동사

hang out
놀다, 시간을 보내다

I **hung out** with my friends at the park and had fun.

나는 친구들과 공원에서 놀면서 즐거운 시간을 보냈다.

📖 Let's Read! 구동사의 원리를 파악해 보세요!

Hang은 '매달리다', out은 '밖으로'의 뜻이 있어요. '한 공간에 서로 어깨동무하며(매달려서) 같이 밖으로 나가는' 장면을 상상해 보면 '놀다, 시간을 보내다'의 뜻을 유추해 볼 수 있답니다.

🎙️ Let's Speak! 주어진 표현을 반복해서 말해 보세요!

hang out
놀다, 시간을 보내다

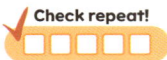

I hung out with my friends at the park and had fun.
나는 친구들과 공원에서 놀면서 즐거운 시간을 보냈다.

✏️ Let's Write! 다음 우리말을 보고 작문해 보세요!

> 나는 친구들과 공원에서 놀면서 즐거운 시간을 보냈다.

❶ _____

❷ _____

❸ _____

CHAPTER 14
098 그 외 중요한 구동사

work out
운동하다, 해결되다

I **work out** every day.

나는 매일 운동해요.

📖 Let's Read! 구동사의 원리를 파악해 보세요!

Work는 '일하다', out은 '어떤 결과가 밖으로 나오는'의 뉘앙스를 가진 전치사입니다. Work와 out이 만나면 어떤 일이나 운동을 할 때 땀이나 지방이 '밖으로 나가는(out)' 혹은 '운동(work)을 해서 체력이나 몸매가 결과로 나타나는(out)', 즉 '운동하다'의 의미가 된답니다. 이외에도 'Don't worry! Everything will work out. (걱정 마! 다 잘 될 거야.)'처럼 '해결되다'의 뉘앙스로 사용하기도 해요.

🎙️ Let's Speak! 주어진 표현을 반복해서 말해 보세요!

work out
운동하다, 해결되다

I work out every day.
나는 매일 운동해요.

✏️ Let's Write! 다음 우리말을 보고 작문해 보세요!

> 나는 매일 운동해요.

1.
2.
3.

CHAPTER 14　만화로 배우는 영어 구동사

099　그 외 중요한 구동사

blow out
(불 등을) 끄다, (불이 바람 등에) 꺼지다

Blow out the candles! Happy birthday!
촛불 꺼! 생일 축하해!

📖 Let's Read! 구동사의 원리를 파악해 보세요!

Blow는 입으로 바람을 불거나 무언가를 날려 버리는 동작을 의미하고, out은 그 동작이 바깥으로 퍼지는 느낌을 줍니다. Blow와 out이 결합하여 '입으로 바람을 불어 불을 끄다', '불이 바람 등에 의해 꺼지다', '어떤 것이 터지거나 망가지다', '강한 바람이 불다'라는 뜻으로 사용하게 되었어요.

🎙️ Let's Speak! 주어진 표현을 반복해서 말해 보세요!

blow out
(불 등을) 끄다, (불이 바람 등에) 꺼지다

Blow out the candles! Happy birthday!
촛불 꺼! 생일 축하해!

✏️ Let's Write! 다음 우리말을 보고 작문해 보세요!

> 촛불 꺼! 생일 축하해!

❶ _____

❷ _____

❸ _____

CHAPTER 14
100 그 외 중요한 구동사

ask out
데이트 신청을 하다

If you like her, you should ask her out.

그녀가 마음에 들면 데이트 신청을 하세요.

📖 Let's Read! 구동사의 원리를 파악해 보세요!

Ask는 '묻다', '요청하다', out은 '밖으로', '외출 중인'이라는 뜻을 가지고 있어요. Ask와 out이 만나면 '누군가에게 밖으로 나가자고 요청하는 것', 즉 데이트 신청을 하거나 외출을 제안하는 의미가 된답니다.

🎙️ Let's Speak! 주어진 표현을 반복해서 말해 보세요!

ask out
데이트 신청을 하다

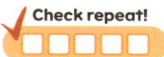
If you like her, you should ask her out.
그녀가 마음에 들면 데이트 신청을 하세요.

✏️ Let's Write! 다음 우리말을 보고 작문해 보세요!

> 그녀가 마음에 들면 데이트 신청을 하세요.

① _____

② _____

③ _____

만화로 배우는 영어 구동사

SPECIAL

만화로 배우는 영어 구동사 총정리

지금까지 학습한 영어 구동사 100개를 모두 모아 놓았습니다. 다시 한번 살펴보면서 기억나는 것은 박스(□)에 체크 표시를 하고, 기억나지 않는 것들은 다시 해당 페이지로 가서 복습해 보세요.

☐	Get over	~을 극복하다/이겨내다	p. 014
☐	Get along with	~와 잘 지내다	p. 016
☐	Get away	휴가를 가다, 떠나다	p. 018
☐	Get back	돌아오다, 돌아가다, 복귀하다	p. 020
☐	Get on	~을 타다, 승차하다	p. 022
☐	Get off	~에서 내리다/하차하다	p. 024
☐	Get off work	일을 끝내다, 퇴근하다	p. 026
☐	Get by (1)	그럭저럭 지내다	p. 028
☐	Get by (2)	지나가다	p. 030
☐	Get rid of	없애다, 제거하다	p. 032
☐	Get through (1)	통과하다, 위기를 넘기다	p. 034
☐	Get through (2)	일을 끝내다	p. 036
☐	Get to (1)	~에 도착하다	p. 038
☐	Get to (2)	~을 시작하다/착수하다	p. 040
☐	Get going	슬슬 가 보다, 이만 가 보다, ~하기 시작하다	p. 042
☐	Get across	전달하다, 이해시키다	p. 044
☐	Get around	이리저리 돌아다니다	p. 046

☐ Get together	함께 만나다, 모이다	p. 048
☐ Get better	나아지다	p. 050
☐ Call off	~을 취소하다/중지하다	p. 054
☐ Call for	~을 요구하다	p. 056
☐ Call out	큰 소리로 부르다	p. 058
☐ Call in sick	병가를 내다	p. 060
☐ Call back	다시 전화하다	p. 062
☐ Go with	~와 어울리다	p. 066
☐ Go after	~을 (뒤)쫓다	p. 068
☐ Go against	반대하다	p. 070
☐ Go for	~로 정하다	p. 072
☐ Go off	발사되다, (알람, 벨 등이) 울리다	p. 074
☐ Go on (1)	계속하다, 시작되다	p. 076
☐ Go on (2)	(일이) 일어나다	p. 078
☐ Go through (1)	~을 겪다	p. 080
☐ Go through (2)	거듭 살펴보다, 검토하다	p. 082
☐ Go out	외출하다, 나가다	p. 084
☐ Give away (1)	나눠 주다	p. 088
☐ Give away (2)	(비밀을) 누설하다, 폭로하다	p. 090
☐ Give in	~에 굴복하다/항복하다	p. 092
☐ Give it up for	~에게 박수를 보내다	p. 094

☐ Look after	~을 돌보다	p. 098
☐ Look down on	~을 얕잡아 보다	p. 100
☐ Look for	~을 찾다	p. 102
☐ Look over	간단히 훑어보다, 대강 살펴보다	p. 104
☐ Look back on something	(과거를) 되돌아보다, 회상하다	p. 106
☐ Look forward to	~을 기대하다/고대하다	p. 108
☐ Look into	~을 조사하다	p. 110
☐ Look at	~을 쳐다보다/바라보다	p. 112
☐ Look up to	~을 존경하다	p. 114
☐ Look something up	(사전, 자료, 컴퓨터 등에서) 찾아보다	p. 116
☐ Look around	여기저기 찾아보다, 주위를 살펴보다	p. 118
☐ Make up	(이야기 등을) 지어내다	p. 122
☐ Make up (with)	(~와) 화해하다	p. 124
☐ Make fun of	~을 놀리다/비웃다	p. 126
☐ Make up for	만회하다, 보상하다	p. 128
☐ Take after	~을 닮다	p. 132
☐ Take on	(일, 책임 등을) 맡다, 떠맡다	p. 134
☐ Take off (1)	(옷, 신발 등을) 벗다	p. 136
☐ Take off (2)	이륙하다	p. 138
☐ Take out	꺼내다	p. 140
☐ Take over	~을 인계받다/물려받다	p. 142

☐	Take back	반납하다, 반품하다	p. 144
☐	Take someone out	(식사, 공연 등에) 초대하다, 대접하다	p. 146
☐	Take something out on	(누군가에게) 화풀이하다	p. 148
☐	Turn on	(전원을) 켜다	p. 152
☐	Turn off	(전원을) 끄다	p. 154
☐	Turn down	거절하다	p. 156
☐	Turn out	(일, 결과 등이) 결국 ~이 되다, ~으로 드러나다	p. 158
☐	Turn around	(몸, 물체 등의) 방향을 바꾸다	p. 160
☐	Put on	입다, 착용하다	p. 164
☐	Put off	연기하다, 미루다	p. 166
☐	Put up with	(묵묵히) 참고 견디다	p. 168
☐	Put away	치우다, 정리하다	p. 170
☐	Put down	적어 놓다, 입력하다	p. 172
☐	Put out	(불 등을) 끄다	p. 174
☐	Run away	도망가다	p. 178
☐	Run out	다 써 버리다, 다 떨어지다	p. 180
☐	Run into	우연히 만나다, 부딪치다	p. 182
☐	Come up	떠오르다, 생기다	p. 186
☐	Come out	출시하다, 나오다	p. 188
☐	Come across	우연히 만나다, 발견하다	p. 190
☐	Come over	(누구의 집에) 들르다	p. 192

☐ Show up	(약속된 곳에) 나타나다, 눈에 띄다	p. 196
☐ Show off	자랑하다, 과시하다	p. 198
☐ Show around	구경시켜 주다, 소개하다	p. 200
☐ Break down	(기계, 장비 등이) 고장 나다, 붕괴되다	p. 204
☐ Break up	헤어지다, 이별하다	p. 206
☐ Break into	침입하다, 강제로 들어가다	p. 208
☐ Break out	피부가 뒤집어지다	p. 210
☐ Break through	극복하다, 파괴하다	p. 212
☐ Pick up	줍다, 치우다, 정리하다	p. 216
☐ Catch up	따라잡다, (밀린) 소식을 나누다	p. 218
☐ Dress up	차려입다	p. 220
☐ Bundle up	껴입다	p. 222
☐ Fill up	가득 채우다	p. 224
☐ Charge up	충전하다	p. 226
☐ Hold on	기다리다	p. 228
☐ Believe in	~의 존재를 믿다	p. 230
☐ Hang out	놀다, 시간을 보내다	p. 232
☐ Work out	운동하다, 해결되다	p. 234
☐ Blow out	(불 등을) 끄다, (불이 바람 등에) 꺼지다	p. 236
☐ Ask out	데이트 신청을 하다	p. 238

만화로 배우는 영어 구동사

초판3쇄 발행	2026년 01월 05일 (인쇄 2025년 10월 27일)
초판1쇄 발행	2025년 05월 20일 (인쇄 2025년 03월 31일)
발 행 인	박영일
책 임 편 집	이해욱
저 자	잉툰TV 김도균
감 수	후루룩외국어연구소
기 획 편 집	이동준 · 신명숙
표 지 디 자 인	김지수
본 문 디 자 인	임아람 · 임창규
일 러 스 트	잉툰TV
발 행 처	시대에듀
공 급 처	(주)시대고시기획
출 판 등 록	제 10-1521호
주 소	서울시 마포구 큰우물로 75 [도화동 538 성지 B/D] 9F
전 화	1600-3600
팩 스	02-701-8823
홈 페 이 지	www.sdedu.co.kr

I S B N	979-11-383-9063-7 (13740)
정 가	17,000원

※ 이 책은 저작권법에 의해 보호를 받는 저작물이므로, 동영상 제작 및 무단전재와 복제, 상업적 이용을 금합니다.
※ 이 책의 전부 또는 일부 내용을 이용하려면 반드시 저작권자와 (주)시대고시기획 · 시대에듀의 동의를 받아야 합니다.
※ 잘못된 책은 구입하신 서점에서 바꾸어 드립니다.

'후루룩외국어'는 종합교육그룹 (주)시대고시기획 · 시대교육의 외국어 브랜드입니다.